O ESPECTRO DA CORRUPÇÃO

JOSÉ MOURAZ LOPES

O ESPECTRO DA CORRUPÇÃO

ALMEDINA

O ESPECTRO DA CORRUPÇÃO

AUTOR
JOSÉ MOURAZ LOPES
EDITOR
EDIÇÕES ALMEDINA, S.A.
Rua Fernandes Tomás n.ºs 76, 78, 80
3000-167 Coimbra
Tel.: 239 851 904 · Fax: 239 851 901
www.almedina.net · editora@almedina.net
DESIGN DE CAPA
FBA.
PRÉ-IMPRESSÃO
AASA
IMPRESSÃO E ACABAMENTO
PAPELMUNDE, SMG, LDA.

Junho, 2011
DEPÓSITO LEGAL
329519/11

Apesar do cuidado e rigor colocados na elaboração da presente obra, devem os diplomas legais dela constantes ser sempre objecto de confirmação com as publicações oficiais. Toda a reprodução desta obra, por fotocópia ou outro qualquer processo, sem prévia autorização escrita do Editor, é ilícita e passível de procedimento judicial contra o infractor.

 GRUPOALMEDINA

BIBLIOTECA NACIONAL DE PORTUGAL – CATALOGAÇÃO NA PUBLICAÇÃO
LOPES, José Mouraz
O espectro da corrupção
ISBN 978-972-40-4542-9
CDU 343
    328

ÍNDICE

Pequena nótula de apresentação 7

I. Introdução 11

II. *Governance*, uma perspectiva geral 15

III. As patologias do sistema: a corrupção 27
   1. O transvase da corrupção 27
   2. Corrupção: um conceito voraz 39
      a) A corrupção e o sector privado 49
      b) A dimensão urbanística da corrupção 57
      c) A corrupção e o fenómeno desportivo 67
      d) Corrupção e financiamento do sistema político 75
   3. Um conceito jurídico-político de corrupção? 80

IV. As parcerias público privadas 85
   1. Enquadramento geral 85
   2. As parcerias público privadas em Portugal 95
      a) O regime normativo 95
      a) Algumas perplexidades 100

V. Corrupção e parcerias público privadas 105

VI. Uma agenda preventiva da corrupção 111
   1. Um compromisso público e privado 113
   2. Identificação de riscos 115
   3. Cultura de transparência 116
   4. A corrupção como obstáculo 118

5. Abolição de cumplicidades 120
6. Controlo e fiscalização 122
7. Partilha de informação 124
8. Responsabilização e sanção 125
9. Separação entre o político e o económico 126

REFERÊNCIAS BIBLIOGRÁFICAS 129

PEQUENA NÓTULA DE APRESENTAÇÃO

1. Há uns bons pares de anos, abeirou-se de nós um aluno do 1.º ano da licenciatura em direito. O lugar era uma sala da Faculdade de Direito de Coimbra. A razão da conversa residia no facto de termos dado a última aula, desejando o maior êxito pessoal e académico aos meus alunos. Este aluno que nos procurou no fim da aula nunca mais saiu da minha memória. Confessou ter apreciado o nosso curso, mas era seu dever aproveitar a ocasião para fazer uma crítica. Na sua opinião, eu teria esgotado a dogmática das inconstitucionalidades, das ilegalidades, das jusfundamentalidades e das normatividades, mas havia cometido alguns pecados por omissão. Nunca me referi, por exemplo, ao problema da corrupção. Registei a omissão.

Este episódio, como se verá, tem algumas semelhanças com a experiência que me conduz a aceitar o honroso convite do Dr. José Mouraz Lopes para escrever uma pequena nótula de apresentação no livro cujo nascimento se localiza nos seminários de doutoramento relativos ao ano académico de 2007/08. Dentre os temas submetidos à publicidade crítica do auditório, salientou-se o da problemática da *governance* que, directa ou indirectamente, justificou a abordagem da corrupção e das suas novas metamorfoses no âmbito da sociedade global. O Dr. Mouraz Lopes ofereceu-se para abordar o tema. Resume-se a isto a fonte da minha legitimação para ousar soletrar algumas sílabas sobre o livro agora oferecido a um sector alargado da opinião pública.

2. Como o Autor explica com conhecimento e ciência, o problema da concepção está, desde logo, associado à sua *corruptio* em termos semânticos. Expliquemo-nos. O fenómeno da corrupção que, desde as catilinárias ciceronianas, teve como epicentro jurídico e dogmático subornar alguém por dinheiro (*aliquempecuniacorrumpere*), sofre hoje o efeito de transvase. Por excesso de líquido ou por defeito de vasos jurídicos, ele transborda de complexos fácticos para outros complexos fácticos, ganhando densidade simbólica à custa de dispersão dogmática e jurídica. O Autor utiliza várias palavras para exprimir este fenómeno: "transvase", "espectro", "irradiação", "voracidade". Além da dispersão por vários campos problemáticos – na actividade urbanística, fenómeno desportivo, no financiamento do sistema político, nas parcerias público-privadas – assiste-se, também, à pulverização do crime típico "material", passando a incorporar vários tipos criminais como o tráfico de influências, o peculato, a prevaricação, o abuso de poder e a violação de regras urbanísticas. Não admira, assim, que os tipos normativos de agente se tenham também multiplicado. As "luvas", as "remunerações", as "contrapartidas", as "prendas", passam de mãos para mãos (a maior parte das vezes invisíveis) acabando não raras vezes no aconchego financeiro dos "off-shores" opacamente globais. Os movimentos de rotação e de translação situam-se em várias galáxias, desde o Estado e partidos políticos ao mundo do urbanismo, passando pelas órbitas desportivas e as parcerias público-privadas. O simples facto de nos ter convidado

a olhar para este "subsistema transversal" é já um dos muitos méritos deste trabalho. Mas, para um cultor do direito público como nós, é também de particular relevância a forma como se entrelaça a corrupção com a erosão da juridicidade e democraticidade do Estado. Como o autor sublinha, a corrupção está sempre associada ao "abuso da função pública em benefício privado". A corrupção é um obstáculo à radicação do Estado de direito democrático. Beneficia de cumplicidades, cobre-se com a intransparência das actividades públicas e privadas, oculta informações relevantes, joga com o vazio de responsabilidades, vive do conúbio entre o económico e o político. Ultrapassou há muito fronteiras e aproveita o mundo electrónico. Daí o esforço do Autor na estruturação de uma "agenda preventiva da corrupção" que ocupa as últimas páginas do livro.

A obra que temos a honra de prefaciar, começou por ser um trabalho académico ("um "paper" na saturada linguagem anglo-saxónica) e acaba agora em livro submetido à publicidade crítica. Oxalá que ele ofereça o pretexto para transitarmos do modo passivo de acompanhar o fenómeno corruptivo para uma forma civicamente activa de prevenir a corrupção. Parafraseando N. Luhman é nosso dever bater na *probabilidade* da corrupção. Para quando a *improbabilidade* de actividades corruptivas? Ninguém sabe. Mas tem de se começar por algum lado.

Coimbra, Janeiro 2011
J.J. GOMES CANOTILHO

I. INTRODUÇÃO

A análise de um conceito relativamente polissémico, sobretudo pela democratização da sua utilização quer na *praxis* quer na dogmática é, no caso da *governance*, essencial para que o discurso teórico seja orientado.

A definição concisa de Gomes Canotilho[1], «*good governance* significa, numa compreensão normativa, a condução responsável dos assuntos de Estado», transporta em si a emergência da «responsabilidade» do modo de agir e conduzir os assuntos que assumem uma dimensão pública.

Tal definição é, por isso, um ponto de partida para o que se propõe: analisar as patologias de um sistema de governação sujeito a regras e comportamentos assentes em vários princípios e outras tantas dimensões da responsabilidade que não se esgotam na responsabilidade criminal.

Nesta perspectiva surge a questão da corrupção.

Não se propõe um estudo dogmático sobre os vários tipos de crimes que abrangem a «corrupção» nos ordenamentos jurídicos, tais como corrupção activa, passiva, pública ou privada, nacional ou internacional, ou mesmo a análise de tipos criminais conexos, como o crime de tráfico de influências, o peculato, o abuso de poder, o recebi-

---

[1] Gomes Canotilho, *"Brancosos" e Interconstitucionalidade. Itinerários dos Discursos sobre Historicidade Constitucional*, Almedina, Coimbra, 2006, página 327.

mento indevido de vantagens por parte de titulares de cargos políticos ou altos cargos públicos ou o recentíssimo crime de violação de regras urbanísticas.

Trata-se, antes, de reflectir sobre o que parece ser um transvase da corrupção de um domínio puramente criminal para uma perspectiva jurídico-política mais ampla, cujo denominador comum é a falta de transparência, a manipulação das regras, a omissão de procedimentos, a ausência de imparcialidade dos intervenientes nos processos de decisão. Fenómenos que, pondo em causa a autonomia intencional dos Estados, consubstanciam distorções gravíssimas dos princípios da condução responsável dos assuntos de Estado e mesmo, no caso da corrupção privada, do sistema concorrencial subjacente a uma economia de matriz neo-liberal.

A amplitude e dimensão do fenómeno impõem, no entanto, alguma moderação e, por isso, uma restrição analítica mais «fina» que incida sobre áreas muito concretas da economia e da gestão pública onde o público e o privado se cruzam de um modo inevitável, nomeadamente as parcerias público privadas (PPP).

O enfoque das PPP emergiu quando o Estado, no exercício da *good governance*, se viu confrontado com a necessidade de adaptação a novas realidades de gestão no exercício da coisa pública e com a diminuição de recursos para enfrentar desafios de investimento necessários a uma sociedade «pública».

Actualmente, os desafios suscitados pela descoberta das potencialidades desta figura são objecto de apreciação dogmática profunda, salientando-se a necessidade de compreensão dos limites em que se enquadra o conceito e sobretudo os vários problemas decorrentes das patologias que podem surgir no sistema, seja pela sua utilização sem regras precisas, seja pela sua «má» utilização, ou ainda pela existência de défices de fiscalização e controlo no desenvolvimento da sua execução.

Nas PPP está em causa uma co-responsabilização de sujeitos, públicos e privados, no desenvolvimento de políticas públicas, que as justificam, sendo que os riscos têm que ser partilhados. No entanto, não será difícil perspectivar rotas de colisão entre o interesse público que as vinculam e os interesses mais imediatos que motivam a participação privada.

A contaminação que os comportamentos patológicos relacionados com a corrupção potenciam, nomeadamente pelas vulnerabilidades dos actores envolvidos, poderão ser fatais, tanto ao reconhecimento da utilidade pública das PPP, como à sua implementação e sobretudo às consequências que daí advêm para uma condução responsável dos assuntos do Estado e de quem o representa.

Recorde-se que os princípios da transparência, da igualdade de tratamento, da objectividade, da integridade e do controlo da concorrência são fundamentais para a evolução adequada do processo de desenvolvimento das parcerias.

Sublinhe-se, também, que no domínio das PPP, para além do relacionamento duradouro entre as entidades públicas e as entidades privadas para a concretização de política públicas, está subjacente, sempre, uma vertente financeira muito elevada.

Aos riscos financeiros dos projectos de investimento em causa, nomeadamente de natureza orçamental que não são abordados nesta obra, estão associados outros riscos, decorrentes de vultuosos interesses que a disponibilidade financeira pode envolver, nomeadamente a ocorrência de comportamentos que possam questionar o grau de imparcialidade dos decisores públicos no processo de parceria. O que não pode deixar de nos levar a uma reflexão sobre o financiamento do sistema político através dos partidos políticos e as relações dos seus dirigentes com quem detém o poder económico e que são, em regra, os dirigentes das entidades privadas envolvidas nas parcerias.

Será, por isso, de questionar a necessidade de desenvolver uma política integrada de prevenção de patologias que diminuam a probabilidade de ocorrência de fenómenos corruptivos que ponham em causa um sistema assente nos princípios subjacentes à *good governance* com reflexos directos nas PPP.

II. *GOVERNANCE*, UMA PERSPECTIVA GERAL.

Governance é actualmente um conceito polissémico tendo em conta as múltiplas abordagens que sobre ele e a partir dele são efectuadas pelas ciências sociais.

Trata-se de um conceito que «nasceu» económico e essencialmente privado, *corporate governance* ou «governo das sociedades», mas que assumiu uma dimensão de palavra «chave» na discussão das ciências sociais. Muitos autores, nomeadamente de matriz norte-americana, falam no conceito de *Governance* como «conceito organizador» na investigação ou «buzzword»[2].

As múltiplas apropriações do conceito, nomeadamente pela economia, pela ciência política, pelo sociologia e pelo direito, permitiram um «diálogo entre disciplinas autónomas e separadas mas também um debate fértil entre elas»[3] sendo possível, actualmente, captar instrumentos em cada uma das abordagens de modo a puderem ser exportados e trabalhados em áreas onde até aí não era possível enquadrá-los.

---

[2] Sobre o movimento intelectual envolvendo a *governance* como conceito organizador, cf. Patricia W.Ingraham & Laurence E. Lynn, Jr, Editors, *The Art of Governance*, Georgetown University Press, Washington, D,C., 2004, p. 3.

[3] Cf. Wanda Capeller e Vincent Simoulin in «La gouvernance: du programme de recherche à la transdisciplinarité», *Droit et Societé*, n.º 54, 2003, p. 302.

Assumindo-se problemática a explanação de todo o conjunto de potencialidades que advêm do conceito, a questão de saber se pode considerar-se a *good governance* como um novo paradigma da acção pública, não está afastada da discussão.

Alguns autores suscitam a questão abordando a *governance* como um novo modo de governo que funcionaria como um remédio para o *déficit* de legitimidade e de eficácia que conheceu a acção pública depois da crise do Estado providência[4].

Outros referem o desenvolvimento da teoria da *governance* por referência à sua conexão com a globalização. A pulverização de abordagens não parece, no entanto, ter alterado o conceito de modo a que seja questionada uma alteração paradigmática no sentido de Khun[5].

A questão prende-se com o facto de saber se o conceito de *governance* não gerou ele próprio problemas cuja resolução não é, ainda, possível atingir.

Para além da fragmentação dogmática que o desenvolvimento teórico do conceito desencadeou, vale a pena incidir o discurso no que aquele tem de «pacífico» e, sobretudo, atender às suas potencialidades como instrumento

---

[4] Neste sentido, Vincent Simoulin, in «La gouvernance et l'action publique: le succés d'une forme simmélienne», *Droit et Societé*, n.º 54, 2003, p. 309.

[5] Assim Renate Mayntz, in «La teoria della governance, Sfide e Prospective», in *Rivista Italiana Di Scienza Política*, a.XXIX, n.º 1 aprile 1999. Sobre o conceito e modelo de desenvolvimento científico sustentado na estrutura de «paradigma», cf. Thomas Kuhn, *A estrutura das revoluções científicas*, Editora Perspectiva, São Paulo, 1991, p. 105.

de trabalho que «reflecte fenómenos radicalmente novos ou que lhe dão uma amplitude tal que os fazem mudar de natureza»[6].

É nesta dimensão que emerge o problema da corrupção como patologia global da sociedade e da sua *governance*, que assume contornos relativamente diferenciados em relação a um modelo essencialmente penalistico e criminológico que tem recorrentemente sustentado a abordagem da matéria.

Nesse sentido será de regressar às «origens» do conceito, embora com uma perspectiva diferenciada do que foi a sua matriz inicial, umbilicalmente ligada ao conceito de *corporate governance*.

Num documento de 1992, o Banco Mundial, numa definição relativamente vaga, assumia a *governance* como «a maneira como o poder é exercido na gestão dos recursos económicos e sociais de um País». Uma definição minimalista, mas que entendia já o conceito numa perspectiva dinâmica, de afirmação de critérios para uma *good governance* ou seja, como forma de melhorar as formas de gestão dos vários destinatários a que se dirigia. Assumida como definição «curta», foi sendo modificada, tanto pelo próprio Banco Mundial como sobretudo pelas abordagens dogmáticas a que foi sujeita.

O Banco Mundial identificou um mínimo de critérios de *good governance* que deveriam ser respeitados pelos Estados nomeadamente a responsabilidade, a transparência,

---

[6] Vincent Simoulin, «La gouvernance et l'action publique: le succés d'une forme simmélienne», cit., p. 321.

o Estado de Direito e a pluralidade de actores que intervêm no sistema e sobre os quais se joga toda a condução dos assuntos da «coisa pública».

Tais critérios – responsabilidade, transparência, Estado de Direito e pluralidade – conformam um conjunto de corolários que têm sido relativamente mantidos e utilizados nas políticas suportadas pelo Banco Mundial, ainda que tenham vindo a ser, ao longo dos anos, apurados e especificados.

No que pode considerar-se uma linha dogmática evolutiva, tendo por base a discussão em torno dos conceitos gerados a partir das intervenções daquela instituição, Daniel Kaufman[7] sintetiza o que o Banco Mundial assume como matriz básica do conceito de *governance*.

Trata-se, segundo o autor, do conjunto de procedimentos e instituições mediante as quais se exerce a autoridade num país em prol do bem comum. Kaufman incorpora nesta definição três dimensões, assim distribuídas. Numa primeira dimensão, que podemos identificar como política, a incidência faz-se no processo de eleição, na supervisão e na mudança daqueles que exercem a autoridade política. Numa segunda dimensão, de matriz essencialmente económica, trata-se de percepcionar a capacidade do governo para gerir eficazmente os recursos e pôr em prática políticas acertadas nesse domínio. Finalmente, numa dimensão institucional, enquadra-se o respeito dos cidadãos e do Estado pelas instituições do país.

---

[7] Daniel Kaufmann, «Diez mitos sobre la gobernabilidad y la corrupcion», *Finanzas e Desarrollo*, Setembro de 2005, in *www.worldbank.org/wbi/governance*, consulta em 6/6/2007.

À vertente «globalizada» subjacente ao tratamento da *governance* pelo Banco Mundial, com uma difusão pelo conjunto de sociedades, estados e países do mundo, há que sublinhar uma dimensão regional do conceito, desenvolvida a propósito da especificidade do complexo processo de decisão política estabelecido na União Europeia.

Assim, das várias acepções em que o conceito tem vindo a ser objecto de elaboração no âmbito da União, referenciamos as abordagens da «governança multinível» e da «governança neo-institucional».

A «governança multinível», como conceito analítico, emergiu da análise do sistema político da União Europeia e identifica-se como um sistema de negociação contínua entre governos situados em vários níveis territoriais – supranacional, nacional, regional e local.

Na «governança multinível», está em causa a capacidade de gerir um sistema complexo composto por múltiplos níveis de governo e, sobretudo, a interacção de um vasto conjunto de actores políticos através de vários níveis de decisão que se cruzam e interpõem entre si. É esta multiplicidade de níveis de órgãos e instituições decisórias existente no sistema europeu que constitui o núcleo específico do processo de decisão da União e das suas instituições.

Trata-se de um sistema que resulta de um amplo processo de criação institucional e de realinhamento da tomada de decisões que impulsionou para o nível supranacional algumas funções previamente centralizadas no Estado e, por sua vez, fez baixar outras para o nível local ou regional.

Na «governança multinível» estamos em presença de trocas negociadas e não hierárquicas entre instituições a nível transnacional, nacional regional e local[8] que se desenvolvem no sentido de criar um modelo de governança complexo assente em vários níveis de compreensibilidade.

Por um lado, aceita-se a relevância máxima dos executivos e instituições estatais, mas onde os Estados já não monopolizam a elaboração de políticas europeias nem a agregação dos interesses domésticos. Por outro lado, entende-se que as competências decisórias são partilhadas por actores de diversos níveis.

O processo de decisão conjunto entre Estados implica uma perda de controlo dos executivos estatais individuais sendo que as instituições supranacionais têm uma influência independente, não derivando de uma suposta «lista de agentes» ou representantes dos executivos estatais.

Finalmente os palcos políticos onde se desenvolve estão inter conectados e não isolados de modo a que os actores subnacionais não estejam encerrados mas antes actuem nos palcos nacionais e supranacionais criando vínculos transnacionais[9].

Pode dizer-se que a União Europeia não constitui um sistema de governo em sentido estrito mas antes uma complexa rede de "governanças" na qual a coordenação inte-

---

[8] Assim Guy B. Peters e Jon Pierre in «Developments in intergovernmental relations: towards multi-level governance», in *Policy & Politics*, V. 29 n.º 2, 2001, p. 135.

[9] Cf. Gary Marks, Liesbet Hooghe e Kermit Blank, «European Integration from 1980s: State-Centric v. Multi-level Governance», *Journal of Commom Market Studies*, Vol. 34, Sept. 1996 p. 346.

rinstitucional, intergovernamental e multinível joga um papel fundamental[10].

Numa rede complexa de actores, estruturas, regulações, competências e responsabilidades em que funciona o processo de decisão da União, a questão da transparência das decisões é um factor legitimador fundamental. O problema da falta de transparência constitui, por isso, uma preocupação efectiva na medida em que funciona como elemento erosivo da própria legitimação.

No processo de decisão da União estão em causa decisões negociadas em comités ou em grupos de trabalho, onde se constata uma combinação de interesses públicos e privados e se identificam zonas «cinzentas» relacionadas com influências, tráfico de conhecimentos, cruzamento de interesses pouco objectivos que surgem, por vezes, como um espectro à própria noção de *governance*.

A existência de vários níveis de decisão, dotados de autonomia, permite também a «fermentação» de mecanismos de partilha de interesses sectorialmente localizados, seja a nível local, regional ou nacional que dificultam a capacidade de controlo das decisões.

Daí a questão da procura de formas de transparência no processo de decisão como um dos desafios mais importantes que se colocam à governança europeia[11].

---

[10] Cf., neste sentido, Francesco Morata in «Governanza multinivel en la Unión Europea», *VII Congreso Internacional del CLAD sobre la Reforma del Estado y de la Administración Pública*, Lisboa, 8-11-Oct. 2002, inunpan1. un.org/intradoc/groups/public/documents/CLAD/clad0044413.pdf (consulta em 8.10.2007).

[11] Neste sentido, Francesco Morata in «Governanza multinivel en la Unión Europea», cit., p. 11.

Desafio que após o Tratado de Lisboa assumiu contornos mais efectivos e reforçados[12].

A complexidade do sistema político da União Europeia, a necessidade da sua compreensão e o modo adequado de ser gestionado, vinculada a critérios de responsabilidade e transparência é analisada por outras correntes doutrinárias.

Assim, numa outra perspectiva dogmática, que parte igualmente de uma constatação de multiplicidade de instituições e órgãos que exercem e partilham poderes, a «governança neo-institucional» assenta basicamente no papel que as várias e múltiplas instituições jogam no espaço Europeu.

Nas aproximações institucionalistas ao conceito de governança, é característica fundamental de todas elas o denominador comum de que «as instituições contam»[13].

Alguns autores, como Bulmer, apelam às instituições políticas «presumindo que estas estruturam os *inputs* das forças sociais, económicas e políticas com o jogo político provocando um impacto sobre o resultado das políticas»[14].

---

[12] Assim e neste sentido, cf. Alexandra Aragão, «European Governance in the Treaty of Lisbon and the European Paradox», *Temas de Integração*, n.º 25, 1.º semestre de 2008, p. 51.

[13] Assim Kenneth A. Amstrong e Simon J. Bulmer, *The Governance of the Single European Market*, Manchester University Press, 1998, p. 7.

[14] Uma perspectiva ampla sobre a governança multínivel e a governança neoinstitucional e o debate que em torno destes conceitos se trava na Europa pode ver-se em Nicolás Mariscal, «La Gobernanza de la Unión», *Cuadernos Europeos de Deusto*, Número 27, 2002, p. 108.

Sublinhe-se que estão em causa instituições locais, regionais, nacionais e supranacionais, que assumem interesses diversificados e nem sempre compatíveis.

As instituições exercem, assim, um papel de mediador (*mediating role*) não podendo no entanto esquecer-se que os seus interesses próprios podem, por vezes, colidir com o interesse global da própria União.

No resultado dessas políticas a questão dos desvios suscitados pelos interesses próprios das várias instituições, nem sempre possíveis de serem totalmente controlados, deverá ser, por isso, levada em consideração.

As perspectivas dogmáticas referidas suscitaram uma abordagem pragmática que resultou nas propostas que constam do Livro Branco da União Europeia sobre *Governance*, publicado em 2001, existindo hoje um entendimento vasto sobre a importância da *governance* para a construção da Europa[15].

No Livro Branco da União Europeia sobre *Governance* define-se de uma forma simples, mas suficientemente clara, a *governance* ou governança como «o conjunto de regras, processos e práticas que dizem respeito à qualidade do exercício do poder a nível europeu, essencialmente no que se refere à responsabilidade, transparência, coerência, eficiência e eficácia».

---

[15] Uma aproximação recente sobre o debate na Europa a propósito da *Governance* pode ver-se em Cris Shore, «"Government Without Statehood?" Anthropological Perspectives on Governance and Sovereignty in the European Union», *European Law Journal*, Volume 12, Issue 6, November, 2006.

São estabelecidos cinco princípios em que se baseia a *good governance* e sobre os quais a EU apresenta as suas propostas para uma melhoria do sistema de governo na União: abertura, participação, responsabilização, eficácia e coerência. Cada um destes princípios é essencial para a instauração de uma governança mais democrática.

Conforme refere Mariscal[16], «democracia e eficiência vão aparecendo, assim como as qualidades de boa governança, dentro sempre do princípio básico da integração europeia desde o seu início: integrar os povos da Europa respeitando plenamente as distintas identidades nacionais».

Posteriormente e já em pleno desenvolvimento das propostas do Livro Branco a Comissão elaborou a comunicação «Governança e Desenvolvimento» (*Governance and Development)»*, em 20.10.2003, onde se identificam as questões fundamentais a desenvolver pelos Estados sobre esta matéria.

Neste documento a corrupção surge pela primeira vez, oficialmente, como um dos obstáculos fundamentais ao desenvolvimento e à concretização das políticas sustentadas nos princípios afirmados, nomeadamente nas políticas de desenvolvimento económico, político e social a serem postas em prática na União.

Na perspectiva macropolítica da *governance,* que decorre dos vários instrumentos internacionais citados, quer do Banco Mundial quer da União Europeia, é hoje inevitável a abordagem da questão corrupção, sistematicamente

---

[16] Nicolás Mariscal, «La Gobernanza de la Unión», cit., p. 119.

entendida como um «espectro» ao conceito da *good governance*.

No âmbito da União Europeia, para além da Comunicação de 26.08.2003, sobre «Uma politica global da UE contra a corrupção» (COM.2003 (317) final), também o Programa de Estocolmo[17], aprovado em 2.12.2009, assume o combate à corrupção como uma das prioridades do programa de segurança e justiça da UE.

Nesse sentido, embora enquadrando a corrupção no âmbito da «Estratégia de Segurança Interna» e, por isso, orientada para o desenvolvimento de políticas de natureza penal, o Programa deEstocolmo não deixa de salientar a necessidade de ser desenvolvida uma política global anti corrupção no seio da União, que deverá ter um carácter horizontal e atingir outras áreas.

No âmbito de um conjunto de matérias de natureza penal e processual penal, são identificadas várias medidas preventivas na área da criminalidade económica e financeira bem como a necessidade de aumentar a transparência das pessoas colectivas e das figuras jurídicas.

O problema da corrupção entrou, assim, no discurso da *governance* como «elemento negativo», importando por isso efectuar uma análise mais aprofundada sobre o seu âmbito.

---

[17] O Programa de Estocolmo, é um programa plurianual entre 2010 e 2014, adoptado em 2.12.2009, pelo Conselho de Ministros da União, que pretende desenvolver o espaço de liberdade, segurança e justiça, assentando na afirmação de «Uma Europa aberta e segura que sirva e proteja os cidadãos».

III. AS PATOLOGIAS DO SISTEMA: A CORRUPÇÃO

1. O transvase da corrupção

O discurso da corrupção como categoria jurídico penal, sendo absolutamente relevante para efeitos da concretização do que deve ser tratado jurisdicionalmente, do ponto de vista criminal, com todas as consequências que isso traduz em termos de tutela das garantias fundamentais, tem sido ultrapassado pela emergência de um discurso jurídico-político do fenómeno corrupção.

As respostas penais não têm sido suficientemente dissuasoras da expansão de fenómenos complexos e diversificados, entendidos como exemplos de má governação, que atingem sistemática e horizontalmente vários sectores da sociedade. Daí que seja uma evidência o sentimento generalizado decorrente do que tem sido alguma impotência do sistema penal como único subsistema capaz de percepcionar e tratar a questão da corrupção.

O amplo discurso social, político e jurídico do «combate» à corrupção ultrapassa a dimensão do «objecto» de investigação criminal, nomeadamente o número de casos que são investigados e julgados envolvendo crimes contra os interesses do Estado, onde se encontra a corrupção.

Pode dizer-se, sem qualquer dúvida, que o discurso jurídico sobre a corrupção ultrapassa, actualmente, as barreiras do Código Penal.

Constata-se um «transvase» da matéria da corrupção para domínios que vão muito para além do domínio jurídico-penal, que, como se sabe, assume sempre a forma de *ultima ratio* no âmbito das políticas de «repressão» dos fenómenos ou acções indevidas.

No domínio dos estudos políticos, económicos, criminológicos e sociológicos a corrupção é actualmente objecto de análise e estudo aprofundado como «patologia» social e questão essencial de cidadania, sobre a qual devem incidir respostas de vária natureza, tanto do ponto de vista preventivo como repressivo[18].

A referência ao «transvase» da matéria da corrupção para outros domínios que não o Código Penal, não omite, no entanto o tratamento que a matéria da corrupção teve, tem e deve continuar a ter no âmbito jurídico – penal, mesmo quando se constata, também nesta matéria, uma expansão de tipos criminais que envolvem tanto a corrup-

---

[18] Referem-se, topicamente, alguns estudos recentes que demonstram em Portugal esta preocupação. Assim, no que respeita à criminologia, cf. o interessante estudo de Rita Faria, «Corrupção: descrições e reflexões», in *Revista Portuguesa de Ciência Criminal*, Ano 17.º, n.º 1, Janeiro-Março de 2007, p. 107. No domínio da sociologia, sobre o tipo de actores mecanismos e recursos, cf. Luis de Sousa e João Triães, *Corrupção e os Portugueses. Atitudes, práticas e valores*, RCP Editores, Lisboa, 2008, João Triães, «Aspectos sociológicos da corrupção em Portugal: actores, mecanismos e recursos do crime de corrupção entre 1999 e 2001», Lisboa, ISCTE, 2004. Sobre as representações sociais da corrupção, cf. Gabrielle Poeschl e Raquel Ribeiro, «Ancoragens e variações nas representações sociais da corrupção», *Análise Social*, volume XLV, 2010, pp 419-445. Sobre a corrupção e a ética, cf., Luis de Sousa e João Triães, «Corrupção e ética em Democracia: o caso de Portugal» *OberconBrief*, Setembro, 2007 (disponível em www. obercom.pt).

ção *stricto sensu*, como um conjunto de crimes relacionados directamente com a má governação que vão para além da noção clássica da protecção do Estado e da sua autonomia[19].

O que se questiona é a recolocação da corrupção no «xadrez» da abordagem subsistémica das patologias da governação e sobretudo a manutenção da questão criminal da corrupção como única fonte de percepção e abordagem das patologias com ela relacionadas.

A questão das patologias da má governação e o seu reflexo no domínio jurídico-criminal, tem raízes histórico-constitucionais no que respeita ao sistema português, nomeadamente no tratamento constitucional da responsabilidade criminal dos titulares de cargos políticos, identificados no âmbito dos «crimes de responsabilidade».

Saliente-se, que desde a Constituição de 1911 até aos dias de hoje, os crimes de responsabilidade assumem uma dimensão constitucionalmente relevante no espectro jurídico nacional, ultrapassando o tratamento dogmático-criminológico sustentado na abordagem nas tipologias criminais da corrupção.

Independentemente das várias categorias ou tipos criminais que, ao longo do tempo, constituíram o catálogo daqueles «crimes de responsabilidade», vale a pena salientar que o legislador constitucional, desde então, entendeu

---

[19] Sobre esta expansão, cf. Cláudia Cruz Santos, Cláudio Bidino e Débora Thaís de Melo, *A Corrupção, Reflexões (a partir da Lei, da Doutrina e da Jusrisprudência) sobre o seu Regime Jurídico-Criminal em Expansão no Brasil e em Portugal*, Coimbra Editora, Coimbra, 2009, pp. 7 e ss. Ver infra ponto III, 2.

que o exercício das funções políticas não pode permitir quaisquer desvios ou abusos.

A relevância constitucional dada à tutela do exercício e da governação pública implicou que o seu exercício abusivo comportasse sempre condutas passíveis de configurar crimes.

O actual artigo 117.º, n.º 3 da Constituição da República Portuguesa (CRP) estabelece que «a lei determina os crimes de responsabilidade dos titulares de cargos políticos, bem como as sanções aplicáveis e os respectivos efeitos, que podem incluir a destituição de cargo ou a perda de mandato».

É, aliás, um dos poucos casos «constitucionais» onde pode falar-se de obrigação de criminalização, cujo reflexo actual se encontra no leque de crimes estabelecidos na Lei n.º 34/87, de 16 de Julho.

Salientando-se, como se referiu, razões de tradição histórica que estão na origem da norma constitucional, importa sublinhar a relevância das questões de exigência de transparência subjacentes a essa imposição de criminalização, mesmo que discutíveis[20], ou tão só meramente simbólicas, mas que não deixam de ser primordiais.

Como refere Faria Costa, «a ideia de que a normatividade jurídica só aparece, perante o comum dos cidadãos, como totalmente protegida se o estiver pelo direito penal» é mais apelativa em «zonas de conflitualidade latente onde a transparência dos processos, em sociedades plurais e

---

[20] Uma análise critica a esta imposição constitucional de penalização é feita por José Francisco de Faria Costa in *O Perigo em Direito Penal*, Coimbra Editora, 1992, pp. 202 e ss.

abertas, é uma reivindicação e uma exigência de toda a sociedade»[21].

O exercício da função pública tem revestido (e reveste) assim a categoria de bem ou valor particularmente relevante cuja promoção e defesa constituem dever funcional dos titulares de cargos políticos[22].

No domínio do direito penal, o rigor dogmático do tipo de crime «corrupção», nas suas várias facetas estabelecidas nas leis penais e, sobretudo, o modo como deve e tem que ser aplicado, sujeito que está o direito penal aos princípios da legalidade e tipicidade, não permite hoje enquadrar uma «cobertura» típica de todo o conjunto de factos ilícitos que envolvem as várias patologias relacionadas com todo o conjunto de desvios a esses deveres funcionais[23].

A corrupção, como crime típico «matricial», foi ultrapassado pela existência de vários tipos criminais como o tráfico de influências, o peculato, a participação económica em negócio, a concussão, o abuso de poder e mesmo o branqueamento de capitais, que tutelam vários e diferentes

---

[21] Cf. José Francisco de Faria Costa, *O Perigo em Direito Penal*, ob. cit., p. 203.

[22] Assim J.J. Gomes Canotilho, Vital Moreira, *Constituição da República Portuguesa, Anotada*, Volume II, 4.ª edição revista, Wolters Kluwer Portugal/Coimbra Editora, Coimbra, 2010, p. 121.

[23] Sobre o crime de corrupção, de um ponto de vista dogmático, cf. António Manuel de Almeida Costa, «Sobre o Crime de Corrupção», *Boletim da Faculdade de Direito da Universidade de Coimbra*, 1987 e Cláudia Santos, «A corrupção. Da luta contra o crime na intersecção de alguns (distintos) entendimentos da doutrina, da jurisprudência e do legislador» in *Liber Disciplinorum para Jorge de Figueiredo Dias*, Coimbra Editora, 2003, p. 963.

bens jurídicos de forma a permitir maximizar, de uma forma de *ultima ratio*, os vários comportamentos que colidem com uma administração isenta e imparcial ou mesmo com a gestão adequada e transparente do interesse público ou com ele relacionado.

Por outro lado é interessante constatar que a «boa fama» e o prestígio do Estado sempre foram, tanto ou mais que a censura moral do funcionário, a finalidade que presidiu ao tratamento normativo dos vários tipos de crimes ligados aos comportamentos corruptivos, evidenciando-se assim um carácter preventivo da legislação, desde as Ordenações até ao século XIX, «que possuíam o objectivo comum de consignarem um controlo prévio de eventuais desmandos dos titulares do poder público»[24].

A afirmação do «transvase» decorre, assim, da constatação que é hoje verificada em relação ao fenómeno da corrupção como patologia grave do sistema político, que emerge sob múltiplas formas e funciona como elemento corrosivo dos próprios órgãos governativos e das demais instituições públicas.

São inúmeras as referências a este «transvase» do fenómeno corrupção que, de um «tipo de crime» específico parece divergir para um conteúdo jurídico político, relativamente indefinido, mas inequivocamente ligado a patologias que põem em causa a boa governação[25].

---

[24] Cf. António Manuel Almeida Costa, ob. cit., pp. 6, 8, 16 e 19.

[25] Uma das primeiras obras de referência na Europa sobre o fenómeno da corrupção como manifestação global, embora referente à esfera pública, foi o trabalho de Donatella della Porta e Yves Mény, *Démocratie et Corruption en Europe*, Éditions La Découverte, Paris, 1995 (edição em

Variadíssimos documentos internacionais tratam hoje a questão da corrupção, não tanto como um conceito jurídico-penal mas como um conceito que ultrapassa largamente a sua dimensão criminal.

Todo o trabalho desenvolvido por instituições como o Banco Mundial, a União Europeia, a OCDE, o Conselho da Europa e mesmo por organismos não governamentais com grande relevância pública, como a Transparência Internacional[26], sustenta-se na defesa de padrões normativos de exigência comportamental que vão muito além de imposições de políticas assentes na criminalização.

Mais do que a adopção de um conjunto de tipos criminais precisos e uniformes, estabelece-se um leque de comportamentos e boas práticas que dificultem o desvio a padrões de comportamentos adequados e suportáveis no exercício da condução do serviço público ou com este relacionado.

Assim e neste sentido, a exigência de boas práticas, a afirmação de compromissos públicos sobre o exercício da actividade política concreta, a configuração de políticas preventivas, a disponibilidade à transparência da actuação ou a prestação de contas por parte de quem exerce o poder,

---

Portugal Donatella della Porta e Yves Mény, *Democracia e Corrupção na Europa*, Inquérito, Lisboa 1995).

[26] A Transparência Internacional efectua vários estudos que pretendem dar conhecer o estado da corrupção no mundo através de avaliações que efectua. Para isso efectua três relatórios: o Indicador de Percepção da Corrupção (*Corruption Perception Índex*) o Indicador de Pagadores de Subornos (*Bribe Payers Index)* e o barómetro Global da Corrupção (*Global Corruption Barometer*).

independentemente dos ciclos legislativos onde é exercido, são alguns dos exemplos que se evidenciam.

A legalidade (ou ilegalidade) dos actos de gestão e administração pública não é, por isso, actualmente critério suficiente para justificar o que deve ser uma boa governação.

Salienta-se, ainda, o papel de algumas instituições públicas internacionais de referência que, continuando a efectuar um trabalho a nível global sobre a corrupção essencialmente sustentado em conceitos jurídico-penais, inflectiram o modo de entender a questão direccionada unicamente para o fenómeno criminal ou criminológico.

O caso do GRECO (Grupo de Estados Contra a Corrupção, do Conselho da Europa) e da Organização para a Cooperação e Desenvolvimento Económico (OCDE) são, nesta perspectiva, sintomáticos.

O GRECO, nas avaliações que faz aos Estados membros sobre o «estado» dos Países em matéria de corrupção, estrutura os seus questionários, procedimentos avaliativos e relatórios concomitantes, tanto no quadro jurídico que resulta da Convenção do Conselho da Europa contra a Corrupção, como no quadro jurídico-penal dos estados em apreciação[27].

O GRECO define ciclos de avaliação aos Estados com base em temas pré-definidos que pretendem conhecer, de

---

[27] A decisão do Comité de Ministros do Conselho da Europa adoptada em 5 de Março de 1998 instituiu o GRECO como um mecanismo de controlo permanente dos vinte princípios directores e dos instrumentos convencionais do Conselho da Europa sobre Corrupção e entrou em vigor em 1 de Maio de 1999. Sobre a composição, missão e estrutura do GRECO cf. http//www.coe.int/.

uma forma aprofundada os sistemas políticos dos Estados e avaliar as suas práticas sobre os assuntos. Tais ciclos, iniciados com um objectivo relativamente canalizado para a questão das incriminações penais no domínio da corrupção, o modo como é efectuada a investigação criminal, os meios que dispõem as suas organizações de investigação e as repercussões que essas políticas têm nos Estados, têm vindo a ser sistematicamente expandidos para outras questões entendidas como directa ou indirectamente relacionadas com a corrupção[28].

Para além de abrangerem o conhecimento de estruturas organizativas de combate à corrupção, as políticas gerais desenvolvidas pelas instituições públicas, tanto no domínio da investigação como no domínio da prevenção e mesmo quais as políticas desenvolvidas por organizações não governamentais e pelas empresas sobre as questões que envolvem directa ou indirectamente situações de corrupção, rapidamente se percepcionou a necessidade de encarar outras realidades conexas, nomeadamente a questão do financiamento do sistema político e, concretamente, a matéria do financiamento partidário e das campanhas eleitorais.

Nos dois últimos ciclos de avaliação, não se trata de identificar e analisar a evolução das estatísticas criminais sobre a corrupção nos vários países ou a existência a aplicação das ferramentas legislativas disponibilizadas pelos estados às autoridades com competência para investigar, acusar e julgar os tipos criminais, seja em termos de lei

---

[28] Portugal foi já avaliado nos três ciclos de avaliação desenvolvidos até agora pelo GRECO, estando publicamente disponíveis os relatórios referentes a todos os ciclos (cf. www.coe.int/).

penal substantiva seja em termos de instrumentos processuais que a suportam.

O conteúdo das avaliações efectuado aos países do Conselho da Europa ultrapassa essa mera identificação normativa, organizatória e estatística do estado das «coisas» da corrupção nos vários Estados.

Nesse sentido, analisam-se, por um lado as consequências que decorrem dos actos de corrupção, por exemplo a nível da perda de bens, do branqueamento de capitais ou mesmo da repercussão económica dos actos de corrupção na sociedade. Por outro lado, identifica-se todo o conjunto de comportamentos patológicos que envolvem os sistemas políticos que potenciem ou permitam o desenvolvimento de uma cultura de corrupção.

Em regra, a identificação das patologias no sistema resulta na elaboração de um conjunto de recomendações aos Estados sobre modos de desenvolver respostas adequadas às deficiências e lacunas detectadas, nomeadamente em termos de novos instrumentos legislativos ou de boas práticas na execução das medidas, que devem ser seguidas. Os Estados, por sua vez, devem acatar e cumprir as recomendações, sendo estas sistemática e posteriormente e avaliados pelo seu cumprimento.

No âmbito do conteúdo das avaliações assume especial relevo o conteúdo das políticas integradas de prevenção de comportamentos, a nível público e privado, que possam suscitar ou criar condições propícias a fenómenos de corrupção e que, por esse motivo, são objecto de atenção muito específica.

Por outro lado é objecto de atenção particular a percepção, por parte das várias instituições públicas e privadas, relativa aos reflexos negativos que os actos e comportamentos das empresas e cidadãos assumem na estrutura social e económica, colocando em causa a credibilidade do sistema, por via da distorção da livre concorrência.

Finalmente o próprio sistema político e o financiamento das suas estruturas fundamentais, ou seja os partidos políticos, bem como as campanhas eleitorais são objecto de atenção e preocupação directa em termos de avaliação.

No seguimento da Recomendação Rec (2003) 4, do Comité de Ministros dos Estados Membros do Conselho da Europa[29] sobre as regras comuns contra a corrupção no financiamento dos partidos políticos e nas campanhas eleitorais, o terceiro ciclo de avaliação do GRECO, que se iniciou em 2007, avalia o sistema de financiamento dos partidos políticos e das campanhas eleitorais e a sua eventual relação com os fenómenos da corrupção.

Numa avaliação global, pode, por isso, afirmar-se que uma política concertada e eficaz no domínio da corrupção, passa necessariamente por desenvolver a nível europeu aquilo que os responsáveis do GRECO designam por «estratégias harmonizadas contra a corrupção»[30].

Reconhecendo a relevância que o papel do GRECO tem desenvolvido no âmbito da corrupção, entendida como patologia do sistema político, a União Europeia, através do programa de Estocolmo prevê que a própria União adira ao GRECO, sujeitando-se, em consequência, às avaliações que este organismo efectua periodicamente

---

[29] Adoptada pelo Comité de Ministros em 8 de Abril de 2003.

[30] Assim neste sentido, Drago Kos, «Seguimiento de dos esfuerzos contra la corrupción en Europa», *Revista Penal*, n.º 16, 2005 p. 59.

aos países aderentes. Mas, mais do que a adesão formal da UE ao GRECO, importa sublinhar a referência expressa no programa de Estocolmo à necessidade de ser desenvolvida uma política global anti corrupção no âmbito da União, em estreita cooperação com aquele organismo do Conselho da Europa.

Também a OCDE, no âmbito das suas competências para aplicação da «Convenção sobre a luta contra a Corrupção dos Agentes Públicos Estrangeiros nas Transacções Comerciais Internacionais», incentiva os Estados a ultrapassar as questões meramente jurídicas referentes à corrupção, quer no domínio dos documentos de referência que vem publicando, quer no âmbito dos ciclos de avaliação que faz aos países aderentes à Convenção.

Saliente-se, neste âmbito, pela sua importância estratégica nas políticas de reforço da luta contra a corrupção no sector do comércio internacional, mas também com reflexos em toda a actividade empresarial no domínio da corrupção, a «Recomendação do Conselho com vista ao reforço da luta contra a corrupção dos agentes públicos estrangeiros nas transacções comerciais internacionais», aprovada e adoptada em 26 de Novembro de 2009.

A preocupação pelo envolvimento das entidades privadas, conjuntamente com os Estados e demais organizações públicas, nas iniciativas de prevenção e sensibilização das questões da corrupção é aí assumida como uma das recomendações fundamentais.

Nos países aderentes à OCDE e no âmbito dos ciclos de avaliação que periodicamente são efectuados aos países membros, para além do controlo da adaptação dos mecanismos internos dos países aos instrumentos jurídicos postos à disposição pela Convenção, é hoje uma preocupação das avaliações a análise do sistema politico na sua generalidade, nomeadamente o modo como se entrecruzam e articulam os sistemas judicial, politico e económico tendo em conta alguns parâmetros exigidos no domínio da boa governação[31].

2. Corrupção: um conceito voraz

A dimensão amplificada do «fenómeno» corrupção redimensiona o entendimento do «conceito» de corrupção.

O conceito jurídico-penal dos vários tipo de crime de corrupção, na medida em que as suas próprias limitações operativas não permitiu responder de forma adequada à resolução de vários fenómenos patológicos que atingem o sistema político, nomeadamente em termos de *governance*, levou à expansão gradual do conceito de corrupção.

Não se trata de expandir um tipo criminal perfeitamente delimitado e constitucionalmente adequado ao princípio da tipicidade e proporcionalidade e que cumpre, em regra, os seus objectivos, na medida das exigências que o sustentam. A corrupção é, em regra, um crime tipificado em grande parte dos códigos penais de matriz continental

---

[31] Sobre a OCDE, nomeadamente a sua estrutura em termos de politicas anticorrupção, cf. http//www.oecd.org. Uma avaliação critica dos instrumentos legislativos postos à disposição pela OCDE, pela UE, pelo Conselho da Europa e pela ONU sobre a corrupção é efectuada por Juliette Tricot em «La corrupcion internationale», *Revue de science criminelle et de droit pénal comparé*, Octobre/Décembre, n.º 4, 2005, p. 769.

e que se encontra tipificado de acordo com a matriz normativa estabelecida pela Convenção das Nações Unidas contra a Corrupção, adoptada pela Assembleia Geral das Nações Unidas em 31 de Outubro de 2003, nomeadamente nos seus artigos 15.º a) e b)[32].

A dimensão política da corrupção evidencia um espectro alargado de condutas patológicas cuja conexão com os princípios subjacentes à tutela da boa governação são tão próximos que, por vezes, se torna difícil saber onde acaba uma conduta ilegal e começa uma conduta que configura um crime.

A expansão extra territorial dos fenómenos da corrupção e a globalização dos comportamentos corruptivos levou à internacionalização do tipo criminal «corrupção», nas suas variadas tipificações, no sentido de se procurar encontrar uma matriz comum que permitisse o funcionamento mínimo dos sistemas formais de controlo nos vários países.

Daí que se tenha pretendido chegar a alguns consensos mínimos com a padronização do tipo de crime de corrup-

---

[32] O artigo 15.º da Convenção estabelece que «cada Estado Parte deverá adoptar as medidas legislativas e outras que se revelem necessárias para classificar como infracções penais, quando praticadas intencionalmente: a) «a promessa, a oferta ou a entrega, directa ou indirecta, de vantagens indevidas feita a um agente público, para ele ou para outra pessoa ou entidade, a fim de que tal agente pratique ou se abstenha de praticar um acto no exercício das suas funções»; b) «o pedido ou o recebimento, directo ou indirecto, por parte de um agente público de vantagens indevidas, para ele ou para outra pessoa ou entidade, a fim de que tal agente pratique ou se abstenha de praticar um acto no exercício das suas funções».

ção, sustentada em grandes pilares normativos que pretendem vincular os Estados.

Nesse sentido sublinha-se a aprovação de Convenções Internacionais regionais e globais nos últimos anos que manifestaram, claramente, o propósito dos Estados de enfrentarem a corrupção como um problema global.

Assim, neste sentido, há que referir a Convenção Inter Americana contra a Corrupção, concluída no quadro da Organização dos Estados Americanos em 29 de Março de 1996, a Convenção Penal sobre a Corrupção do Conselho da Europa, assinada em Estrasburgo a 30 de Abril de 1999, a Convenção da União Africana para a Prevenção e a Luta Contra a Corrupção e Crimes Assimilados, aprovada em Maputo em 11 de Julho de 2003 e, finalmente, a já referida Convenção das Nações Unidas contra a Corrupção assinada em Mérida, no México, em 31.10.2003.

Com um campo de aplicação mais restrito, mas com algumas consequências dogmáticas relevantes no discurso da expansão da corrupção, há que referir, igualmente, a Convenção relativa à Luta contra a Corrupção em que estejam implicados Funcionários das Comunidades Europeias ou dos Estados membros da União Europeia, de 26 de Maio de 1997.

Tendo resultado da necessidade de tornar harmónico um sistema punitivo que pretende atingir uma realidade global, aqueles documentos assumem, desde logo, um papel absolutamente relevante pela tipificação efectuada do que devem ser os tipos criminais a estabelecer pelos Estados sobre o fenómeno da corrupção.

Em quase todos os referidos documentos é, por outro lado, definido um conjunto de meios de investigação adequados à concretização nos vários Estados de um programa de investigação criminal que se pretende eficaz e, por isso, relativamente diferenciado face a outras formas de criminalidade. Meios específicos de prova, prazos processuais diferenciados, órgãos especializados de investigação criminal e mesmo tribunais especializados para o julgamento dos tipos criminais envolvendo a corrupção são algumas das soluções identificadas e que são objecto de «aquisição» normativa pelos Estados.

De igual forma apela-se à concretização de políticas de prevenção adequadas e necessárias ao enfrentamento de um problema específico no âmbito das políticas criminais desenvolvidas por cada Estado.

Pese embora alguma descontinuidade de normas[33] e mesmo de valores que alguns dos instrumentos patenteiam, é notório o esforço de, normativamente, se pretender impor aos Estados a percepção de que a corrupção é uma realidade global e transversal a todos os Estados.

O conjunto de documentos citados e as soluções normativas que estabelecem, carecem de alguma sedimentação dogmática, essencial à estabilização de soluções passíveis de serem aplicadas globalmente sem grandes disfunções.

A voragem conceptual que envolve o fenómeno da corrupção é hoje evidente numa certa maneira de entender e resolver, por vezes rapidamente e sem grande reflexão, as questões dogmático-jurídicas relacionadas com o crime de corrupção ou a sua investigação.

---

[33] Salientado a descontinuidade referida cf. Juliete Tricot, «La corrupcion internationale», cit., p. 755.

No que alguns autores intitulam de «revisão das estruturas de direito penal e processual penal clássico»[34], sintomas dessa voragem manifestam-se em «soluções processuais» maximalistas, como é o caso da integração do crime de corrupção no âmbito dos «crimes do catálogo» nos códigos de processo penal[35], a defesa dogmática da imprescritibilidade dos crimes de corrupção e do consequente procedimento e o alargamento do espectro criminal a áreas relacionadas com a desconformidade do património visível do cidadão com as suas fontes de rendimento.

Deve salientar-se, igualmente, a modificação que tem ocorrido no âmbito da revisão dogmática do crime e de corrupção, nomeadamente nos casos que envolvem magistrados, funcionários, agentes e equiparados da União Europeia, que, conforme referem alguns autores, como Pedro Caeiro, configura «uma ampliação do bem jurídico protegido»,[36] para além da autonomia intencional do Estado. Nestes casos, segundo o autor, referindo-se ao sistema nacional, «a lei portuguesa passou a incorporar uma protecção dos bens homólogos da União Europeia»[37]. Esta amplificação verifica-se naturalmente noutros países que

---

[34] Cf. neste sentido Miguel Ángel Iglesias Rio e Teresa Medina Arnaiz, «Herramientas preventivas en la lucha contra la corrupción en el âmbito de la Unión Europea», *Revista Penal*, n.º 14, 2004, p. 49.

[35] Muitas vezes não se fazendo uma diferenciação entre tipos criminais que envolvem realidades criminológicas completamente diferentes e com necessidades processuais também elas diferenciadas.

[36] Pedro Caeiro, Fundamento, *Conteúdo e Limites da Jurisdição Penal do Estado. O Caso português*, Wolters Kluwer Portugal/Coimbra Editora, Coimbra, 2010, p. 283.

[37] *Ibidem*, p. 283.

introduziram nas suas ordens jurídicas as normas da Convenção, como aconteceu recentemente em Espanha que, através da alteração ao Código Penal decorrente da *Ley Orgánica 5/2010,* de 22 de Junho, «expandiu» o crime de corrupção aos funcionários da União e aos funcionários dos outros Estados membros da União, nos termos do novo artigo 427.º do Código Penal[38].

No que respeita à inserção da corrupção nos «crimes do catálogo», é sabido que a admissibilidade deste procedimento «abre a porta» à possibilidade legal de maximizar a investigação criminal através da utilização de técnicas de investigação criminais especiais, cujo grau de «agressão» a direitos fundamentais é de tal forma acentuado que apenas deve ser admitido quando estejam em causa interesses absolutamente fundamentais. Mesmo nestes casos, tal utilização deve ser sempre sujeita a uma restrição procedimental assente na decisão judicial, proporcional e necessariamente justificada.

Como se sabe não será essa, em muitos casos, a situação da corrupção, pese embora se perspectivar em vários tipos de crimes de corrupção ou com eles conexos, uma envolvência com fenómenos de criminalidade organizada o que pode justificar, em casos devidamente ponderados, esse tipo de medidas excepcionais.

A situação portuguesa é, neste particular, de alguma maneira, paradigmática. Assim, com a reforma do Código de Processo Penal (CPP) de 2007, introduzida pela Lei

---

[38] As alterações referidas entraram em vigor no dia 23 de Dezembro de 2010.

n.º 48/2007, de 29 de Agosto, foram integradas no conceito de «criminalidade altamente organizada» constante da alínea m) do artigo 1.º do CPP, as condutas que integram, além de outras, os crimes de «corrupção» e «tráfico de influências».

As repercussões processuais desta inserção, nomeadamente para efeitos do alargamento dos prazos de inquérito (artigo 276.º, n.º 2 do CPP) e dos prazos da prisão preventiva (artigo 215.º, n.º 3) são enormes e aplicam-se a todos os crimes de corrupção tipificados no Código Penal (CP).

Até à recente alteração do CP, operada pela Lei n.º 32//2010, de 2 de Setembro, naquele conceito compreendiam-se tanto os crimes de corrupção imprópria (corrupção para acto lícito), punidos com pena de prisão até dois anos ou multa (artigo 373.º do CP), como os crimes de corrupção própria (corrupção para acto lícito), punidos com pena de 1 a 8 anos de prisão (artigo 372.º, n.º 1 do CP).

A alteração legislativa levada a efeito pela Lei n.º 32//2010, citada, no que respeita aos tipos de crime dos artigos 372.º e 374.º do CP, acaba com a distinção entre aqueles dois tipos de corrupção, criando o novo tipo de crime «Recebimento indevido de vantagens», cujas condutas são, no entanto, sobreponíveis à corrupção para acto lícito. Não sendo, no entanto, formal e tipicamente um crime de corrupção, tais condutas não integram, a partir da entrada em vigor da nova Lei as condutas passíveis de serem compreendidas no âmbito da alínea m) do artigo 1.º do CPP, ou seja no conceito de «criminalidade altamente organizada».

Parece ter sido, assim, resolvida a incongruência dogmática que a alteração legislativa de 2007 provocou, com a inclusão das condutas subjacentes à corrupção imprópria como fazendo parte da «criminalidade altamente organizada».

Relativamente ao discurso da imprescritibilidade, trata-se de soluções fundadas essencialmente na afirmação, não totalmente demonstrada, de que a prescrição é, por si só, um obstáculo à luta contra a corrupção.

Com alguma sustento dogmático no artigo 29.º da Convenção das Nações Unidas contra a Corrupção, que refere que os Estados devem fixar, «quando apropriado e nos termos do seu direito interno, um período de prescrição longo durante o qual é possível iniciar o procedimento criminal», pretende-se estender aos crimes de corrupção as razões que justificam a afirmação do princípio da imprescritibilidade de alguns crimes demasiado graves para as ordens jurídicas estaduais e internacionais, como é o caso dos crimes contra a humanidade ou o genocídio.

Nestes casos, estão em causa crimes cuja gravidade das condutas ilícitas cometidas se repercute de forma absolutamente impressiva na sociedade. O tempo e a memória consequente ao «esquecimento» ligados a tão graves condutas criminais, assumem um peso demasiado profundo para que tenham que ser devidamente ponderadas as suas consequências na consolidação da «paz jurídica» em relação à restante criminalidade.

O alargamento dos prazos de prescrição em relação à corrupção sustenta-se, ao contrário, numa dimensão pública «emocionalmente apelativa», mas racionalmente discutível, sustentada num discurso assente na «maximização das políticas penais repressivas» e na necessidade de se apresentarem «resultados». Omite-se, no entanto, que o problema da ausência de resultados nas investigações sobre corrupção resida na existência de profundas causas estruturais e sobretudo na incapacidade do Estado efectuar políticas de controlo e investigação acertivas e não na passagem do tempo[39].

Elena Burgoa, questionando o apelo à figura dos crimes imprescritíveis para os crimes contra a administração pública, é muito acertiva ao afirmar que «resulta muito mais fácil e cómodo encontrar um bode expiatório, fazer cair uma culpa colectiva sobre o instituto da prescrição, mesmo quando esta não tenha sido responsável das falhas, que nos tranquiliza e faz sentir melhor e não questionar o fracasso ou a falta de instrumentos contra a corrupção». Recorde-se que os prazos de prescrição do procedimento são, em regra, escalonados e ordenam-se segundo a gravidade das penas aplicáveis aos crimes previstas na lei. E essa «harmonia sistémica» só deve ter excepções absolutamente fundamentadas.

O legislador português, não parece, no entanto ter sido muito sensível a estes argumentos, enveredando, na última reforma legislativa decorrente da Lei n.º 32/2010 de 2 de Setembro, pelo caminho do alargamento do prazo de prescrição do procedimentos criminal dos crimes de corrupção para o período máximo admitido no Código Penal português, ou seja quinze anos decorridos sobre a prática do crime.

---

[39] Assim e neste sentido, Elena Burgoa in «Hacia una nueva regulación de la prescriptión en los delitos contra la administration pública: un debate de actualidad», *Themis*, ano VIII, n.º 14, 2007, p. 176 criticando a imprescritibilidade como «solução mágica» para resolver o problema da corrupção.

Ao fixar que os crimes de corrupção, de recebimento indevido de vantagem, peculato, participação económica em negócio, concussão, abuso de poder e ainda os crimes dos artigos 16.º, 17.º,18.º e 19.º da Lei n.º 34/87, de 16 de Julho (crimes da responsabilidade de titulares de cargos políticos) passam a ter um prazo de prescrição idêntico ao dos crimes puníveis com pena de prisão cujo limite máximo for superior a dez anos, poderá questionar-se se houve nesta matéria ponderação suficiente, «nos termos do direito interno», conforme é referido na Convenção das Nações Unidas, tendo em conta a diversidade e natureza dos crimes que agora estão sujeitos a um período de prescrição tão alargado.

Por outro lado é de questionar, igualmente, o problema da eficácia e justiça da pena aplicada a autores de crimes julgados tanto tempo decorrido após a sua ocorrência, quando estão em causa algumas condutas de natureza corruptiva de menor densidade, como é o caso dos factos que envolvem o crime de recebimento indevido de vantagens.

Finalmente a pretensão do alargamento do espectro criminal na área da corrupção a áreas da sociedade onde a «má governação» ou mesmo a simples não justificação de rendimentos perante a existência e demonstração pública de património são, ainda, exemplos recentes de alguma voragem legislativa nesta matéria.

Nesta dimensão encontra-se a discussão sobre a criminalização de condutas relativas ao enriquecimento ilícito ou à riqueza injustificada que, não obstante algumas posições doutrinárias que sustentam a emergência da tipificação criminal da matéria sustentadas essencialmente na Convenção contra a Corrupção das Nações

Unidas[40], não foram, pelo menos em Portugal, objecto de concretização normativa[41].

A voragem conceptual e discursiva impõe, no entanto, que se atente de uma forma mais precisa e aprofundada em quatro matéria essenciais onde se têm verificado alterações significativas no ordenamento jurídico: o sector privado, o urbanismo, o desporto e o financiamento do sistema político.

a) *A corrupção e o sector privado*

Todos os documentos internacionais que vêm sendo referidos e muitos outros que organizações internacionais

---

[40] O artigo 20.º da Convenção estabelece que «Sem prejuízo da sua Constituição e dos princípios fundamentais do seu sistema jurídico, cada Estado Parte deverá considerar a adopção de medidas legislativas e de outras que se revelem necessárias para classificar como infracção penal, quando praticada intencionalmente, o enriquecimento ilícito, isto é o aumento significativo do património de um agente público para o qual ele não consegue apresentar uma justificação razoável face ao seu rendimento legítimo».

[41] O debate recente sobre a questão pode ver-se no relatório da «Comissão Eventual para o acompanhamento Político do Fenómeno da Corrupção e Para a Análise integrada de soluções com vista ao seu combate», elaborado por a mesma comissão em 2010 e disponível do site da Assembleia da República (*www.parlamento.pt*). Uma crítica a essa intenção criminalizadora é efectuada por Cláudia Cruz Santos em «Notas breves sobre os crimes de corrupção de agentes públicos», *JULGAR*, n.º 11, Maio-Agosto, 2010, p. 56. Sobre a situação em Macau, na China e em França, cf. Jorge A.F. Godinho, «Do crime de riqueza injustificada (artigo 28.º da Lei n.º 11/2003 de 28 de Julho), *Boletim da Faculdade de Direito da Universidade de Macau*, Ano 11, n.º 24, 2007, pp. 17-49.

vêm produzindo, perspectivam e enquadram uma dimensão da corrupção que se afasta, dogmaticamente, da matriz essencial do conceito, na medida em que vai muito além da protecção directa à autonomia intencional do Estado.

Assim, numa primeira constatação, é sintomática a mutação da corrupção como patologia do sistema público de governo, para um conjunto de «deformações» dos mecanismos privados ligados ao bom funcionamento da economia e à transparência dos processos de decisão que com ela têm qualquer conexão. É, neste sentido, sintomática a criminalização da corrupção no sector privado e a possibilidade de criminalização de condutas corruptivas naquele domínio[42].

Ultrapassou-se o conceito estritamente publicista do fenómeno da corrupção, que não é, apenas, uma questão do «sector público» e dos seus funcionários.

Há uma vertente privada da corrupção manifestada na viciação e na perturbação das regras do mercado, nomeadamente da concorrência negocial, com consequências tão graves na economia e na transparência dos seus instrumentos, que só pode ter como resposta um conjunto de sanções criminais adequadamente fixado pelos Estados.

Neste domínio podem, assim, enquadrar-se duas dimensões que importa tutelar.

---

[42] Também a União Europeia, se pronunciou sobre a luta contra a corrupção no sector privado, através da Decisão Quadro n.º 2003//568/JAI do Conselho de 22 de Junho de 2003 (JOCE L 192, 31 Julho 2003 página 54) e mais recentemente no âmbito das políticas a desenvolver nesta matéria no âmbito do programa de Estocolmo.

De um lado a dimensão da economia global onde as questões da livre concorrência entre os sujeitos económicos deve assumir-se sem obstáculos, de uma forma transparente, para que as empresas não beneficiem de vantagens ocultas na sua posição no mercado e nessa medida distorçam as regras próprias de funcionamento do mercado assente na livre concorrência.

De outro lado e já numa perspectiva interna, ou seja da tutela dos próprios interesses das empresas ou entidades privadas, importa salientar um conjunto de circunstâncias que deve ser acautelado.

Desde logo a perda de confiança dos investidores, nomeadamente quando se fala de investimentos de longo prazo. A reputação de uma empresa e o seu valor no mercado, pode ser seriamente afectada a partir do momento em que se vê envolvida em actos de corrupção.

Sublinhe-se que esta «carga negativa» sobre o âmbito da empresa decorre tanto da sua envolvência institucional em actos de corrupção, como também na situação em que algum dos seus dirigentes se vê individualmente e, eventualmente, aproveitando a posição que tem na empresa, envolvido em actos relacionados com a corrupção.

Num segundo tópico saliente-se a utilização ineficaz dos recursos, na medida em que as empresas envolvidas em actos de corrupção investem na circulação dos seus produtos no mercado, não através da melhoria da qualidade do que produzem ou mesmo dos serviços que prestam, mas antes no pagamento de «luvas» para que eles sejam aceites e entrem, assim, no mercado.

Finalmente a prática de actos de corrupção por parte de entidades empresariais encoraja no interior da própria organização uma «cultura» de comportamentos corruptos que se vai expandido e contamina todo o sector social onde está inserida. Contaminação que atinge pessoas, empresas e instituições e todo o tecido social envolvente.

As patologias corruptivas no sector privado são encaradas por várias organizações e entidades, nomeadamente pela União Europeia, como uma grave ameaça económica que exige uma legislação forte e global de modo a constituir uma protecção eficaz do sector privado[43].

Alguma doutrina vem entendendo que «tão corrupto é um acto de má aplicação de fundos públicos, em proveito próprio ou alheio, como a apropriação indevida de recursos privados nas sociedades anónimas mediante operações de engenharia financeira que aproveitam a insuficiência dos controlos e dos vazios jurídicos de uma legislação insuficientemente adaptada à complexidade das modernas relações económicas», como refere Contreras Alfaro, fazendo eco de tais posições[44].

O Banco Mundial e o Conselho da Europa, através do GRECO, insistem hoje na necessidade de envolver o tratamento da corrupção numa perspectiva «privada», tanto numa perspectiva de diagnóstico como numa perspectiva de tratamento da patologia.

---

[43] Em 2007 a Comissão elaborou um relatório onde manifesta a sua preocupação pelo facto da Decisão Quadro 2003/568/JAI estar ainda numa fase inicial de implementação na União [cf. Relatório da Comissão ao Conselho de 18.6.2007 COM (2007) 328].

[44] Cf. Luis H. Contreras Alfaro, *Corrupcion y Principio de Oportunidad Penal*, Grupo de Estúdios Contra la Corrupcion, Ratio Legis, Salamanca, 2005, p. 131.

A necessidade de conhecer, por um lado, os números da corrupção no sector privado e, por outro a imperatividade de se discutirem as formas de prevenir comportamentos e práticas corruptivas nesta área, são motivo de apelo das organizações internacionais.

O que se pretende é que o sector privado aceite critérios de transparência nas suas decisões, admita sanções para o não cumprimento desses critérios e seja, ainda, concretizado um papel interventivo das associações profissionais privadas, através de uma actuação proactiva na regulação dos vários sectores, de modo a que sejam salvaguardados todos os interesses em jogo.

O apelo à auto-regulação é, nesta matéria, um ponto essencial para efeitos de credibilidade dos próprios actores da economia. Nesse sentido, é absolutamente relevante o incentivo das organizações internacionais no sentido de sensibilizarem as empresas e as suas organizações profissionais para o problema da corrupção[45].

Num tempo de emergência da responsabilidade que se impõe às entidades de auto regulação e, sobretudo, face à expansão dos poderes que assumem, muitos deles delegados pelos Estados, as organizações patronais e associações profissionais têm como dever contribuir de uma forma

---

[45] Um estudo da OCDE publicado em Junho de 2003 relativo ao papel das empresas na luta contra as práticas corruptivas evidencia alguma fragilidade no envolvimento dos empresários nesta matéria. Assim, segundo o estudo, apenas 43 das 100 principais empresa multinacionais não financeiras tem declarações públicas sobre a corrupção nos seus sítios Web. Cf. OCDE, «L'approche des entreprises dans la lutte contre les pratiques entachées de corruption», in www.ocde.com.

efectiva para uma melhoria do ambiente transparente do funcionamento da economia.

No que respeita aos tipos criminais, a Convenção da ONU estabelece dois tipos criminais que se referem ao sector privado, nomeadamente a corrupção (artigo 21.º) e o peculato (artigo 22.º)[46].

Em Portugal, num primeiro momento, a criminalização da corrupção no sector privado foi efectuada através da inserção dos tipos criminais estabelecidos nos artigos 41.º-B e 41.º-C do Decreto Lei n.º 28/84, de 20 de Janeiro[47], no âmbito do regime jurídico das infracções antieconómicas, entretanto revogados e substituídos pelos artigos 8.º e 9.º da Lei n.º 20/2008, de 21 de Abril.

É de sublinhar que a Lei n.º 20/2008, de 21 de Abril é uma lei especifica, que dá cumprimento à Decisão Quadro n.º 2003/568/JAI, e estabelece o regime de responsabilidade penal por crimes de corrupção no comércio interna-

---

[46] O artigo 21.º da Convenção, «Corrupção no sector privado», estabelece : «Cada Estado Parte deverá considerar a adopção de medidas legislativas e de outras que se revelem necessárias para classificar como infracções penais, quando praticadas intencionalmente, no decurso de actividades económicas, financeiras e comerciais: a) a promessa, a oferta ou a entrega, directa ou indirecta, feita a qualquer pessoa que, a qualquer título, dirija uma entidade do sector privado ou nele trabalhe, de vantagens indevidas para ela ou para terceiros, a fim de que, em violação dos seus deveres, essa pessoa pratique ou se abstenha de pratica um acto; b) o pedido ou o recebimento, directo ou indirecto, por parte de qualquer pessoa que, a qualquer título, dirija uma entidade do sector privado ou nele trabalhe, de vantagens indevidas para si ou para terceiros, a fim de que, em violação dos seus deveres, essa pessoa pratique ou se abstenha de praticar um acto».

[47] Inserção efectuada pela Lei n.º 108/2001, de 28 de Novembro.

cional e na actividade privada deixando, por isso, de puder entender-se os crimes de corrupção na actividade privada como matéria que apenas diz respeito à economia, num sentido mais estrito ou restringido a uma dimensão localizada.

Num tempo de economias globalizadas e fortemente concorrenciais, deve entender-se como constituindo um sinal inequívoco da tutela dessa transnacionalidade económica, a tipificação normativa do crime decorrente da referida lei[48].

Também no domínio da corrupção no sector do comércio internacional, as instituições internacionais se depararam com a necessidade de criar mecanismos legais vinculativos dos Estados nesse domínio. Nesse sentido importa realçar o papel da OCDE e a Convenção sobre a Luta contra a Corrupção de Agentes Públicos Estrangeiros nas Transacções Comerciais Internacionais, aprovada em Paris em 17 de Dezembro de 1997.

Na concretização desta Convenção o legislador português, mais uma vez através do Decreto-Lei n.º 28/84, de 20 de Janeiro, com a redacção da Lei n.º 13/2001, de 4 de Junho e da Lei n.º 108/2001, de 28 de Novembro, previu o crime de corrupção activa com prejuízo do comércio internacional (artigo 41.º-A), entretanto revogado e substituído pelo crime previsto no artigo 7.º da Lei n.º 20//2008, de 21 de Abril.

---

[48] Para uma visão tópica sobre a Lei n.º 20/2008 de 21 de Abril e os seus antecedentes, cf. Manuel Simas Santos, «Nótulas sobre o novo regime de responsabilidade penal por crimes de corrupção cometidos no comércio internacional e actividade privada», *Revista do Ministério Público*, Ano 29, Abril-Junho, 2008. pp. 51-70.

Como se referiu, esta última legislação veio dar cumprimento à Decisão Quadro n.º 2003/568/JAI do Conselho, de 22 de Julho enquadrando os crimes de corrupção privada (activa e passiva) e o crime de corrupção activa com prejuízo do comércio internacional, no âmbito dos modelos decorrentes da Decisão Quadro e evidenciando a natureza especifica do que está em causa nesta dimensão da corrupção.

No que respeita à dimensão preventiva na área da corrupção do sector privado constata-se em Portugal um manto de silêncio quase generalizado sobre as questões da prevenção da corrupção, tanto por parte das entidades públicas como pelos organismos ou entidades que detêm poderes de regulação ou de carácter meramente corporativo[49].

Alguns países desenvolveram políticas públicas em parceria com associações empresariais de alerta e prevenção da corrupção entre empresas. É o caso da Suiça que vem desenvolvendo através da Secretaria de Estado da Economia (SECO), em colaboração com outras entidades, ini-

---

[49] Tanto a CIP – Confederação Empresarial de Portugal – como a CPA – Confederação dos Agricultores de Portugal nos seus sites oficiais (*www.cip.pt* e *www.cap.pt*) não referenciam qualquer posição ou documento elaborado e vinculativo das suas associadas sobre a questão. A CCP – Confederação do Comércio e Serviços de Portugal, elaborou e disponibiliza um *Código de Ética para o Comércio e Serviços* (disponível no site *www.ccp.pt*) onde estão fixados um conjunto de princípios e obrigações a que as empresas devem vincular-se no domínio da ética, da concorrência, da transparência e mesmo da responsabilidade social das empresas.

ciativas destinadas expressamente a empresas e aos seus negócios com empresas estrangeiras[50].

b) *A dimensão urbanística da corrupção*

O alargamento do espectro criminal na área da corrupção a áreas da sociedade mais directamente expostas a riscos de «má governação» é, actualmente, uma tendência dos sistemas políticos.

No caso do urbanismo e sobretudo na área da construção imobiliária, a afirmação generalizada de que se trata do sector da economia sujeito a actos de corrupção com mais impacto, nomeadamente em termos económicos, é partilhada tanto pelas organizações governamentais que tratam a matéria como pela dogmática[51].

A gravíssima situação a que se chegou em alguns países, nomeadamente a Espanha, suscitou a realização de um relatório pelo Parlamento Europeu, em Fevereiro de 2009, – *relatório Auken* – onde foram identificados variadíssimos problemas e efectuadas várias recomendações, quer à Comissão quer ao estado espanhol.

---

[50] Cf. *Prévenir la corruption- Conseils aux entreprises suisses actives à l'étranger»*, Secrétariat d'État à l'Économie (SECO), Berne, s/d.

[51] Cf. Transparency International, *Global Corruption Report 2005, Corruption in Constriction and post-conflict reconstruction*. Na doutrina que se tem debruçado sobre esta matéria, nomeadamente em Espanha onde a situação assumiu proporções graves, cf. Laura Pozuelo Pérez, (coord.) *Derecho penal de la construcción*, Comares, Granada, 2006, p. 2 e ss.

Das várias recomendações efectuadas, sublinhe-se apenas a proposta efectuada à comissão no sentido de exortar «o Governo de Espanha e das regiões em causa a procederem a uma avaliação aprofundada da situação e a reverem toda a legislação que afecta os direitos dos proprietários particulares em resultado da urbanização extensiva, a fim de pôr termo ao abuso dos direitos e obrigações consagrados no Tratado CE, na Carta dos Direitos Fundamentais, na Convenção Europeia de Salvaguarda dos Direitos do Homem e das Liberdades Fundamentais e nas directivas comunitárias pertinentes, bem como nas convenções em que a União Europeia é parte».

No que respeita à relação directa e causal ente os problemas identificados e a corrupção, o relatório faz alusão ao facto da «ausência de clareza, precisão e certeza da legislação em vigor relativamente aos direitos de propriedade dos particulares, bem como a não aplicação, de forma adequada e coerente, da legislação ambiental, estarem na origem de muitos problemas relacionados com a urbanização, e que isto, aliado a um certo laxismo no processo judicial, não só tem agravado o problema como tem gerado uma forma endémica de corrupção»[52].

Em Portugal, pese embora a percepção existente ao longo dos anos sobre a dimensão que o problema da corrupção poderia ter no sector urbanístico, apenas com o recente «pacote legislativo» que envolveu várias alterações

---

[52] Para consulta do relatório, cf. www.europarl.europa.eu/sides/getDoc.do?pubRef=-//EP//TEXT+REPORT+A6-2009-0082+0+DOC+XML+V0//PT.

legislativas no domínio do combate à corrupção, se enveredou por uma política neocriminalizadora nesta área.

As novas criminalizações relacionadas com o crime de violação de regras urbanísticas, tanto da responsabilidade de privados como de funcionários, introduzidas no Código Penal pela Lei n.º 32/2010, de 2 de Setembro, bem como as alterações sobre a mesma matéria introduzidas na Lei n.º 34/87, de 16 de Julho, relativa aos crimes da responsabilidade de titulares de cargos políticos,[53] são o resultado dessa percepção.

É sabido que a área do urbanismo, na sua dimensão normativa assente em competências próprias da administração local e regional, funciona como uma espécie de «pórtico» a quem desenvolve negócios imobiliários ou pretende introduzir-se nos lucrativos negócios da construção civil e do urbanismo. Sem franquear essa porta dificilmente se entrará enormes vantagens económicas decorrentes do «Olimpo» do imobiliário.

Se a vulnerabilidade dos guardiães é por isso algo que importa acautelar, importa também fazer sentir a quem pretende passar o «pórtico» que neste domínio as regras existem, são muito claras e não podem admitir-se comportamentos que as defraudem. Até porque, com esses comportamentos, está a hipotecar-se o futuro de gerações que vêm posto em causa o direito a um desenvolvimento ambiental adequado, saudável e sustentado.

Tendo em atenção que os interesses económicos são acentuados, as vulnerabilidades humanas são efectivas e,

---

[53] Trata-se do 18.º A daquela Lei que cria o crime de «violação de regras urbanísticas», introduzido pela Lei n.º 41/2010 de 3 de Setembro.

sobretudo, através das relações entre uns e outros são postos em causa interesses fundamentais ao desenvolvimento social e económico sustentável, entende-se que a dimensão sancionatória dos comportamentos que põem em causa os interesses colectivos que subjazem à regulação do urbanismo, não pode circunscrever-se à dimensão proibitiva, nomeadamente de natureza contra-ordenacional.

A resposta normativa dada pelo legislador português a estas preocupações assenta em duas vertentes.

Por um lado, no âmbito das condutas que envolvem algumas patologias assacadas aos responsáveis políticos regionais e locais e a quem com eles lida no exercício das suas competências especificas da gestão da organização do território local, nomeadamente no âmbito da aplicação das regras urbanísticas.

Por outro lado, no âmbito dos cidadãos em geral, salientando a necessidade de reforçar a protecção dos solos e, por consequência, do ambiente.

No primeiro caso, reafirma-se a exigência da boa governação de quem exerce as funções de «guardião» dos interesses que o Estado acautela.

Na segunda vertente reforça-se a protecção do ambiente tendo em conta a utilização dos recursos do solo como elemento ambiental de modo a atingir altos níveis de qualidade de vida e respeito do habitat humano numa perspectiva de um desenvolvimento social sustentado.

Estando em causa a protecção de bens jurídicos relativamente complexos na medida em que se protegem bens aparentemente distintos nas várias incriminações, não deve omitir-se que o «pacote» legislativo surgiu exactamente da discussão decorrente das necessidades de combater fenómenos de corrupção ligados ao urbanismo e aos interesses económicos que a ele estão ligados.

As sanções criminais decorrentes da Lei n.º 32/2010 de 2 de Setembro, que alterou o Código Penal e criou dois novos crimes (artigo 278.º-A, «Violação de regras urbanísticas» e artigo 382.º-A «Violação de regras urbanísticas por funcionário»), bem como a alteração à Lei n.º 41/2010 de 3 de Setembro, relativa aos titulares de cargos políticos, que criou um crime aplicável tão só a estes últimos (artigo 18.º-A «violação de regras urbanísticas»), têm como razão histórica a necessidade de criar uma barragem à cedência das vulnerabilidades de quem exerce funções publicas na área do urbanismo[54].

A discussão e aprovação dos crimes referidos pela Assembleia da República, decorreu no âmbito trabalho efectuado pela «Comissão Eventual Para o Acompanhamento Político do Fenómeno da Corrupção e Para a Análise Integrada de soluções com vista ao seu Combate» que, ao longo do ano de 2010, efectuou um levantamento de vários problemas legislativos e operacionais relacionados com a corrupção e os fenómenos envolventes na sociedade portuguesa[55].

---

[54] Para uma análise aprofundada sobre os crimes em causa, cf. Maria do Carmo Silva Dias, «Breves Notas sobre os novos crimes previstos nos artigos 278.º A e 382.º A do Código Penal», *Boletim Informação e Debate*, ASJP, VI Série, n.º 5, Janeiro, 2011, p. 421.

[55] Todo o trabalho efectuado pela Comissão, consubstanciado no relatório efectuado, pode ser consultado no site da Assembleia da República (www.parlamento.pt).

Partindo dos projectos legislativos apresentados pelos Grupos Parlamentares do Partido Socialista, do Centro Democrático Social e do Bloco de Esquerda que tinham apresentado propostas legislativas concretas sobre a matéria,[56] a Comissão chegou a um consenso sobre os tipos já referidos cuja aprovação mereceu a unanimidade dos deputados.

Deve salientar-se, nesta matéria, a legitimação política dos novos crimes: maximalista e inequívoca.

A intervenção legislativa, como se referiu, assumiu uma dimensão neocriminalizadora em três dimensões.

Assim e desde logo o legislador criou o novo crime de «violação de regras urbanísticas», inserindo-o no Titulo IV do Código Penal, no domínio dos crimes contra a vida em sociedade e concretamente como perigo comum. Trata-se de um crime que corresponde ao tipo criminal inserido no projecto de lei 217/XI, apresentado pelo Partido Socialista.

A estrutura típica do crime e a sua inserção sistemática permitem a conclusão de que bem jurídico tutelado é a defesa do ordenamento do território, nomeadamente a utilização dos recursos do solo como elemento ambiental de modo a atingir altos níveis de qualidade de vida e respeito do habitat humano, numa perspectiva de um desenvolvimento social sustentado.

O legislador atribuiu uma dimensão normativa aos princípios constitucionais estabelecidos nos artigo 65.º e 66.º da Constituição da República Portuguesa relativos à habitação e ao urbanismo que, «numa ideia de urbanismo

---

[56] Projectos de lei n.º 217/XI, 217/XI e 135/XI, respectivamente.

rasgadamente dinâmica», conforme referem Canotilho e Vital Moreira[57], articulam o urbanismo com planeamento, ordenamento do território, ambiente e qualidade de vida e impõe ao Estado, às Regiões Autónomas e às autarquias «de acordo com a respectiva esfera de competências no governo do território, a definição de regras de ocupação, usos e transformações de solos urbanos» (*ibidem*, p. 838).

A identificação precisa do bem jurídico agora criminalmente tutelado é fundamental para entender que nesta matéria existiu um alargamento inequívoco da tutela penal e, nessa medida, devem ser interpretadas as questões que possam surgir na aplicação na da lei, nomeadamente com o possível concurso com outros comportamentos criminais que possam ocorrer em áreas conexas.

Num segundo momento e já no domínio da tutela dos crimes contra o Estado, no âmbito dos crimes cometidos no exercício das funções públicas e especificamente no domínio dos crimes de abuso de autoridade, é criado o crime de «Violação de regras urbanísticas por funcionário».

Também aqui o legislador optou pela versão do projecto apresentado pelo PS, não aderindo à versão da proposta incorporada no projecto 107/XI apresentada pelo CDS//PP.

Trata-se, como não desmente a sua inserção sistemática no domínio dos «abusos de autoridade», de um crime cujo bem jurídico tutelado é ainda a integridade no exercício das funções públicas.

---

[57] *Constituição da República Portuguesa, Anotada*, Volume I, Wolters Kluwer Portugal/Coimbra Editora, 2007, p. 834.

O crime de violação de regras urbanísticas por funcionário é um crime específico, próprio, que só pode ser cometido por funcionários, na acepção que está fixada no artigo 386.º do Código Penal.

O «abuso de poder» neste caso está circunscrito à acção do funcionário que preste informações ou decida favoravelmente (e não desfavoravelmente) sobre processo de licenciamento ou autorização, tendo como pressuposto a violação de leis ou regulamentos aplicáveis nesta matéria.

Para além da dimensão genérica da exigência do tipo subjectivo nas suas várias modalidades de dolo directo, necessário ou eventual, é exigido igualmente (e cumulativamente) a «consciência da desconformidade da sua conduta com as normas urbanísticas».

Do que se trata, neste âmbito, é de um elemento subjectivo do tipo exigível em simultâneo ou contemporaneamente com a dolo, nas suas várias formas e que se traduz na exigência explicita do conhecimento por parte do agente de que a sua informação ou decisão colide com as normas legais vigentes sobre a matéria.

Finalmente e no âmbito específico dos crimes da responsabilidade de titulares de cargos políticos, o legislador criou o crime de «Violação de regras urbanisticas», também ele praticamente decalcado do projecto de Lei n.º 217/XI, já referido e apresentado pelo Partido Socialista, aplicável exclusivamente aos titulares de cargos políticos.

Trata-se de um crime substancialmente idêntico ao crime de «Violação de regras urbanísticas por funcionário» tipificado no Código Penal, mas que se aplica apenas ao titular de cargo político que informe ou decida favoravelmente (e não desfavoravelmente) processo de licenciamento ou autorização ou preste nele informação falsa sobre leis ou regulamentos aplicáveis, consciente da desconformidade da suas conduta.

Na diferenciação típica entre os dois crimes (o que é previsto no artigo 382.º-A do Código Penal e o previsto no artigo 18.º da Lei n.º 34/87), encontra-se a moldura penal aplicável a cada um dos crimes, sendo que, no caso dos titulares de cargos políticos a pena é substancialmente mais elevada, nomeadamente na sua moldura mínima. Assim, enquanto que o crime do 382.º-A é punido com pena de prisão até cinco anos ou multa, o crime da responsabilidade dos titulares de cargos políticos é punido com pena de prisão de 1 a 5 anos ou multa.

Não pode deixar de salientar-se o simbolismo da diferenciação da moldura mínima da pena aplicável, o que acontece também noutros crimes estabelecidos na Lei n.º 34/87, de 16 de Julho, relativamente aos titulares de cargos políticos, e nos crimes similares estabelecidos no Código Penal em relação a funcionários[58].

Trata-se de uma agravação que advém, ainda, da tutela constitucional da boa governação exigida a quem

---

[58] Veja-se, a título meramente exemplificativo os casos do peculato (artigo 20.º da Lei n.º 34/87 e artigo 375.º do Código Penal) ou a corrupção (artigos 17.º e 18.º da Lei n.º 34/87 e artigos 373.º e 374.º do Código Penal).

exerce cargos políticos e que se evidencia na «imposição constitucional» de criminalização estabelecida para os titulares de cargos políticos no artigo 117.º, n.º 3 da Constituição da República Portuguesa.

No que se refere ao âmbito subjectivo, há que referir que no leque de titulares de cargos políticos estabelecido na Lei n.º 34/87, de 16 de Julho, em princípio, o crime apenas se aplica ao «membro de órgão representativo de autarquia local» porquanto no âmbito daquele leque, apenas este terá competências legais no domínio do licenciamento ou autorização de questões urbanísticas.

Em síntese, dir-se-á que, à semelhança de outros ordenamentos jurídicos, os tipos criminais referidos configuram um passo na tentativa de impedir o avanço de comportamentos de natureza corruptiva que, para além da boa governação, põem em causa outros bens jurídicos fundamentais à vivência comunitária numa sociedade democrática nomeadamente o direito a viver numa urbe racionalmente gerida e ambientalmente sustentável.

Na dimensão preventiva importa salientar o papel modesto que tem tido o Conselho de Prevenção da Corrupção, criado pela Lei n.º 54/2008, de 4 de Setembro, que funciona junto do Tribunal de Contas e que sobre esta matéria tem essencialmente efectuado um trabalho relativo à elaboração de recomendações relativas à concretização, publicidade e efectivação de planos de prevenção de riscos de corrupção e infracções conexas, exigidos a várias instituições e que assumem um especial relevo no domínio das autarquias locais e entidades dotadas de poderes na área urbanística.

c) *A corrupção e o fenómeno desportivo*

A «voragem» do conceito de corrupção evidencia-se no tratamento que é dado à questão da corrupção envolvendo o fenómeno desportivo.

A realidade desportiva subjacente aos primeiros quadros normativos que regulamentaram os fenómenos de corrupção no desporto[59] e um conjunto de patologias que se foram evidenciando ao longo dos últimos anos nesta matéria são paradigmáticas da mudança normativa que, nesta matéria, se tem constatado.

As situações relacionadas com a corrupção no desporto foram tipificadas, num primeiro momento, apenas na medida em que envolviam a administração de substâncias ou produtos ou utilização de métodos que alterem o rendimento desportivo. Daí a criação de tipos criminais de corrupção activa e passiva e tipos criminais relacionados com a «dopagem» ou administração de substâncias que alterem os rendimentos dos praticantes desportivos.

Em Portugal, naquele diploma de 1991, efectuou-se uma primeira abordagem normativa e sistemática, em termos de penalização a um tipo de comportamentos que

---

[59] Em Portugal o Decreto-lei n.º 390/91, de 10 de Outubro veio pela primeira vez no ordenamento jurídico português estabelecer um conjunto de sanções de natureza criminal relativas a comportamentos fraudulentos que perturbem a verdade e a lealdade da competição desportiva. A Lei n.º 50/2007, de 31 de Agosto revogou aquele Decreto-lei, à excepção do seu artigo 5.º, referente à criminalização da administração de substâncias ou produtos ou utilização de métodos que alterem artificialmente o rendimento desportivo.

põem em causa a verdade e a lealdade que se exige no desporto e a todos os que o praticam, tendo o legislador sido cauteloso na forma e no conteúdo como tratou, de forma criminal, a matéria.

Sabendo-se, na altura, que a realidade desportiva estava em mutação, no sentido de se evoluir, nomeadamente em determinados tipos de desportos, para uma realidade profissionalizante, mas também que havia um enorme «espaço» desportivo passível de ser envolvido pela lei que está, de todo, afastado desse sistema profissional, será por isso de compreender o âmbito e sobretudo as sanções tímidas que a lei em causa estipulou.

Basta atentar nas molduras penais aí estabelecidas para, claramente se verificar que o legislador entendeu que o que estava em causa era a afirmação de um direito penal mínimo, para não dizer, nalgumas situações, meramente simbólico.

A realidade desportiva alterou-se significativamente e o modo como o fenómeno é globalmente entendido mudou radicalmente.

Qualquer política pública que envolva o desporto não pode omitir a promoção dos princípios da *good governance* neste sector.

Em primeiro lugar o desporto é uma realidade global e não já uma realidade meramente nacional ou paroquial.

As competições desportivas, profissionais ou não, são hoje realidades transnacionais de nível europeu e mundial assumindo os riscos que afectam estas competições, uma vertente, também ela, internacional.

Bastaria um olhar rápido ao que se passa no resto do mundo para percepcionar que os problemas relacionados com a corrupção no desporto constatam-se em praticamente todas as latitudes, assumindo mesmo alguma contaminação ou mimetismo em vários domínios. São exemplo situações de países como a Itália, com repetidos escândalos no *cálcio*, a China, a Alemanha e o Vietname com escândalos no futebol, os Estados Unidos com escândalos no hóquei sobre o gelo ou a França, a Itália e a Espanha, com o ciclismo. Trata-se, em todos estes casos, de algumas manifestações de uma situação global mais grave e ainda pouco conhecida.

As organizações não governamentais com responsabilidades desportivas não estão isoladas no âmbito das regras do Estado de Direito, sendo fundadas em princípios e bases normativas jurídicas que se sustentam no pluralismo democrático e no respeito dos direitos do homem.

Toda a sua actuação, para além de dever integrar-se nas regras normativas dos Estados, tem que assentar em pressupostos de legalidade, transparência e credibilidade.

Uma outra vertente condiciona, actualmente, de uma forma significativa, todo o fenómeno desportivo. Trata-se da realidade económica subjacente ou «subterrânea» em que se move e envolve todo o sistema desportivo e que condiciona todo o seu desenvolvimento, tanto sociológico como normativo.

Hoje o desporto é, em grande percentagem, um negócio. E um negócio que atrai milhões de pessoas e por isso envolve muitos milhões de euros ou dólares. Se o desporto profissional envolve verbas «milionárias», o desporto amador tem muitas vezes a ele associado uma economia com algum relevo, especialmente relacionada com aqueles que organizam, treinam, gerem ou de alguma forma gravitam em termos profissionais em torno daquela realidade.

Por outro lado, o negócio da publicidade que envolve toda a actividade desportiva, desde o desportista até ao seu clube, passando pelos produtos que envolvem essa actividade (*merchandising*) é hoje uma actividade em expansão acelerada e que atinge valores substanciais na economia global.

Desde sempre ligado à actividade desportiva, também o jogo assume actualmente uma vertente completamente diversa da «pureza» dos princípios subjacentes a qualquer actividade lúdica. As actividades e os valores que envolvem o jogo (licito e ilícito) que gravita em redor do fenómeno desportivo vão muito para além desse imaginário lúdico que incidia sobre as apostas desportivas. As quantias monetárias astronómicas que movimenta a actividade e que entram na economia de todos os países, não podem ser negligenciadas.

Igualmente não pode omitir-se uma referência aos negócios ilícitos que muitas vezes pairam sobre o fenómeno desportivo e que com ele circulam em paralelo. Para além da dimensão criminal directa que envolvem, quer o jogo ilícito, a extorsão ou mesmo tipos de criminalidade grave e violenta a que estão associados, são visíveis matérias como o branqueamento de capitais e a evasão fiscal que assumem contornos preocupantes em toda esta realidade.

Finalmente o desporto percorre um caminho paralelo à comunicação social, alimentando-se dela e, simultaneamente, alimentando-a. Sendo o desporto um espectáculo é evidente que a sua comunicação, através dos media assume uma centralidade inequívoca. E, como espectáculo transmitido, assume por isso uma visibilidade que não pode deixar de condicionar todas as suas regras. O negócio da comunicação, nomeadamente da comunicação audiovisual, será por isso também ele condicionador da actividade desportiva.

A caracterização breve da realidade desportiva no inicio do Século XXI serve tão só para percepcionar a necessidade de tratar de uma forma adequada as patologias que um sistema com tal relevância social, num enquadramento económico tão significativo podem assumir.

Trata-se de garantir a tutela e a salvaguarda dos princípios da lealdade desportiva, de modo a serem efectivamente acautelados para que, numa actividade de alto risco, se evitem comportamentos ilícitos que ponham em causa, de forma insustentável, esses princípios. Evitar e prevenir esses comportamentos impede que se torne a actividade desportiva numa actividade marginal. Mas, também, há que perceber que a situação descrita não tem retorno. Daí que se imponha enfrentar essa realidade, conhecê-la e impor-lhe regras claras e transparentes. E, sobretudo, fiscalizá-la de uma forma efectiva.

A regulamentação da corrupção no fenómeno desportivo deve aproveitar-se não só dos conhecimentos mais recentes que se têm sobre a realidade, mas sobretudo levar em consideração um conjunto de normativos e recomendações internacionais que, tanto sobre a matéria de corrupção, como sobre a prática desportiva, têm sido produzidos na ordem jurídica nacional e internacional.

Sendo um fenómeno socialmente localizado e que pretende essencialmente proteger a verdade e a lealdade desportiva, as federações desportivas de cada país e os clubes desportivos desempenham uma função pública ou prestam um serviço público nos termos definidos no artigo 2.º da Convenção das Nações Unidas Contra a Corrupção e, nessa medida, podem integrar-se nos tipos criminais estabelecidos na lei geral penal como comportamentos fraudulentos cometido na área desportiva.

No que respeita aos tipos criminais não existem razões substanciais para efectuar grande distinção entre o tipo de crime de corrupção no fenómeno desportivo e a corrupção estabelecida na Lei Penal geral, a nível da estrutura do tipo de crime. Sendo bens jurídicos diferentes a proteger, nada impede, no entanto, que os tipos formais sejam semelhantes. Como semelhantes deverão ser as molduras penais.

As condutas a punir não podem restringir-se apenas aos praticantes.

Muitas das questões que têm vindo a público dizem respeito àqueles que exercem a função de árbitros ou entidades com funções de apreciação, julgamento e decisão dos fenómenos desportivos e a quem pelas suas funções cabe prover que o «espectáculo» siga as boas e pré-definidas regras que todos conhecem e que permitem, quando cumpridas, que se garantam os princípios subjacentes à actividade desportiva.

Trata-se de entidades a quem se deve exigir uma maior responsabilização pela lisura do fenómeno desportivo. Sobre eles impõe-se, por isso, um específico dever de garante nomeadamente, árbitros ou entidades com funções de apreciação, julgamento e decisão dos fenómenos desportivos.

De igual modo, porque ao fenómeno do desporto estão claramente ligados fenómenos económicos, há um conjunto de pessoas, profissionais ou não, envolvidas no meio a quem é exigido também um comportamento recto, leal e que salvaguarde a lisura de todos os comportamentos.

Assim e numa primeira linha de responsabilização devem enquadrar-se os dirigentes desportivos, aqui se incluindo os dirigentes de clubes, associações desportivas, federações, ligas e outros organismos juridicamente protegidos a quem o Estado confiou poderes de organização de todo o sistema desportivo.

Mas também um outro conjunto de pessoas nomeadamente agentes desportivos, representantes dos atletas, dos treinadores, dos preparadores físicos, dos orientadores técnicos, dos médicos, dos massagistas e dos técnicos de apoio devem incluir-se no âmbito mais vasto do conjunto de sujeitos a quem um especial dever de actuação está adstrito e por isso poderão enquadrar-se no arco criminal dos passíveis sujeitos do crime.

Finalmente todos aqueles que se envolvem na actividade empresarial ligada à representação dos agentes desportivos, de forma profissionalizada ou não, que «gravitam» em torno dos fenómenos desportivo, devem ser subjectivamente envolvidos como sujeitos passíveis de tipos criminais concretos.

Nestes casos a moldura penal poderá ser diferenciada em relação à do praticante e dos dirigentes nomeadamente na moldura superior.

Numa outra dimensão importa constatar que todos aqueles – instituições e pessoas singulares – que desempenhem funções na área desportiva deveriam ter um especial dever de cooperação com as entidades encarregues da prevenção e investigação criminal no domínio da corrupção. Trata-se de uma matéria que assume uma importância decisiva e que já levou noutros países da Europa à criação de acordos entre as polícias e as entidades que gerem actividades desportivas concretas, como aconteceu na Bélgica com o futebol.

O princípio que está subjacente a esta «aproximação» assenta na afirmação de que «onde há dinheiro há riscos». Todas as instituições dotadas de poderes de prevenção e investigação devam estar dotadas de um conhecimento real das situações, que envolvem toda a actividade profissional e económica, directa e indirectamente, ligadas ao fenómeno desportivo.

Alguns dos princípios referidos foram introduzidos no sistema português com a Lei n.º 50/2007, de 31 de Agosto (Lei da responsabilidade penal por comportamentos antidesportivos).

Desde logo naquele diploma são tipificados um conjunto de crimes específicos («corrupção passiva», «corrupção activa», «tráfico de influências», «associação criminosa») aplicáveis a um catálogo de sujeitos que se envolvem directa e indirectamente nas actividades desportivas.

Estendeu-se, por outro lado, a responsabilidade criminal às pessoas colectivas, mesmo que dotadas do estatuto de utilidade pública.

É de salientar a imposição normativa atribuída às federações desportivas, às sociedades e aos clubes desportivos no sentido de promoverem a realização de acções de prevenção de modo a que se evitem a prática de factos susceptíveis de alterar fraudulentamente os resultados das competições.

d) *Corrupção e financiamento do sistema político*

Na governação pública, sobretudo quando se analisa o modo de funcionamento do sistema político, é fundamental atentar no papel que nele desempenham os partidos políticos como «players» essenciais do sistema. Daí que quando se aborde o fenómeno das patologias da governação, nomeadamente a questão da corrupção, não possa deixar de se abordar o problema do financiamento dos partidos políticos e das campanhas eleitorais, sabido que num Estado de Direito Democrático é sobre os partidos políticos e a sua actuação no sistema que se sustenta, maioritariamente, todo o «jogo democrático».

O que está em causa, desde logo, é a constatação da mudança significativa dos custos que envolvem as campanhas eleitorais e a disponibilidade financeira exigida aos partidos políticos (ou grupos de cidadãos com legitimidade eleitoral) para o seu financiamento. Disponibilidade que, em regra, não é compatível com as tradicionais fontes de financiamento decorrentes da quotização dos seu membros ou das subvenções estatais.

O modelo de financiamento dos partidos políticos e das campanhas eleitorais assente naquele modelo tradicional não é suficiente para suportar os custos reais exigidos à prática eleitoral vigente. Daí que existam áreas obscuras pouco compatíveis com o princípio da transparência dos procedimentos no Estado democrático.

A detecção de situações irregulares nos mecanismos de financiamento, a constatação de algumas situações concretas de actos ilícitos de corrupção ligados directamente ao financiamento dos partidos políticos e a percepção do modo pouco transparente como funciona o sistema, são sintomas que emergem recorrentemente e permitem todas as «suspeições» sobre a questão do financiamento dos partidos políticos[60].

A situação generaliza-se a vários países, sendo que alguns autores, a propósito da corrupção do sistema político através dos mecanismos de financiamento ilegal dos partidos políticos, utilizam o conceito de «mãe de todas as corrupções»[61], tendo em conta os efeitos perversos que daí derivam para todo o sistema político.

Como refere Perfecto Ibañez, «quando a corrupção está no centro, no coração do sistema político, dificilmente poderia deixar de irradiar em todas as direcções»[62].

---

[60] Sobre as dificuldades de clarificação das receitas dos partidos políticos e a sua repercussão no financiamento das campanhas eleitorais, é sintomático o que se refere no Acórdão do TC n.º 563/06, de 27 de Outubro de 2006, referente às contas relativas à campanha eleitoral para a Assembleia da República de 20 de Fevereiro de 2005 (onde são detectadas variadíssimas irregularidades cometidas por praticamente todos os partidos concorrentes). Numa outra dimensão, também o Acórdão do TC n.º 86/2008, de 13 de Fevereiro de 2008, publicado no DR II Série, n.º 71, de 10/4/2008 (caso Somague), é factualmente demonstrativo de algumas situações irregulares e ilícitas ocorridas em tempos recentes, em Portugal, envolvendo financiamentos ilícitos de partidos políticos.

[61] A expressão é utilizada por Perfecto Andrès Ibañez no artigo «Tangentopoli tiene traducción al castellano» na obra *Corrupcion y Estado de Derecho. El Papel de La Jurisdiccion*, Editorial Trotta, Madrid, 1996, p. 102.

[62] Cfr. «Tangentopoli tiene traducción al castellano» cit., p. 103.

A constatação desta evidência levou o Conselho da Europa a incluir nas suas prioridades o estabelecimento de directrizes aos Estados membros directamente relacionadas com o financiamento dos partidos políticos e as campanhas eleitorais, tendo em conta a sua relevância no funcionamento das democracias[63].

É sintomática a Recomendação Rec. (2003) 4 do Comité de Ministros dos Estados membros do Conselho da Europa[64] sobre regras comuns contra a corrupção no âmbito do financiamento dos partidos políticos e das campanhas eleitorais e sobretudo o conjunto de deveres aí estabelecidos cujos destinatários directos são os Estados, tendo como «pano de fundo» a necessidade de transparência nas contas da democracia.

O que está em causa em qualquer dos vários modelos de financiamento dos partidos políticos ou do sistema partidário é, como se sublinha na Mensagem do senhor Presidente da República à Assembleia da República, quando do veto do Decreto n.º 285/X da Assembleia da República, que altera a Lei n.º 19/2003, de 20 de Junho, que regula o regime aplicável ao financiamento dos partidos políticos e das campanhas eleitorais, «garantir que os par-

---

[63] Sobre esta problemática, cf. Ingrid Van Bizen, *Financement des partis politiques et des campagnes électorales – lignes directrices*, éditions du Conseil de l'Europe, Strasbourg, 2003, p. 9.

[64] A Recomendação Rec (2003) 4 do Comité de Ministros dos Estados membros do Conselho da Europa sobre regras comuns contra a corrupção no âmbito do financiamento dos partidos políticos e das campanhas eleitorais, foi adoptada pelo Comité de Ministros em 8 de Abril de 2003.

tidos disponham dos meios necessários para exercer a sua actividade e, em simultâneo, salvaguardar que a obtenção desses recursos se faça de acordo com critérios de independência e de transparência».

O conjunto das quinze recomendações do Conselho da Europa envolve tópicos tão relevantes como as fontes externas de financiamento dos partidos políticos, as fontes de financiamento dos candidatos a eleições e dos eleitos, as despesas de campanhas eleitorais, a transparência nas contas, nomeadamente no registo de donativos e na obrigação de prestação de contas públicas, o controlo independente dos financiamentos e, finalmente, o sancionamento eficaz, proporcional e dissuasor das patologias do sistema.

A preocupação pelo problema não se ficou, no entanto, pela afirmação da necessidade de introdução de regras e normas nos vários Estados com os objectivos referidos e estabelecidos naquela Recomendação.

O GRECO, como se referiu, no seu papel de monitorização e fiscalização da aplicação das normas emitidas pelo Conselho da Europa sobre corrupção, incluiu no seu 3.º ciclo de Avaliação aos Estados membros, iniciado em 2007, o regime legal do financiamento dos partidos vigente em cada País como objecto de avaliação.

A correlação da corrupção com o sistema político é igualmente uma preocupação da ODCE nomeadamente no âmbito das políticas que desenvolve na área da repressão à corrupção do domínio do comércio internacional.

Neste sentido em alguns documentos produzidos por aquela instituição é efectuado um alerta inequívoco e uma recomendação às empresas privadas sobre a necessidade de evitarem as contribuições políticas[65].

Sublinhe-se que a preocupação das instituições com as conexões entre o fenómeno do financiamento dos partidos e a corrupção, manifestada em vários documentos que pretendem vincular os Estados, tem como objectivo fundamental evitar conflitos de interesses e assegurar a transparência dos donativos, bem como evitar donativos ocultos que possam permitir contornar a lisura e transparência exigida ao sistema democrático.

Assume especial relevância a publicidade dos tipos de financiamento, a limitação dos valores entregues e a real e efectiva possibilidade de controlo de todo o sistema, através de entidades independentes e dotadas de meios suficientes e capazes de efectuar uma fiscalização adequada.

A falibilidade destes mecanismos de controlo, nomeadamente a sua implementação através de uma estrutura débil, nomeadamente em termos de recursos humanos e técnicos que não lhe permite efectivar um eficaz e rigoroso procedimento de controlo do próprio cumprimento da lei, assume-se como uma das grandes fragilidades do sistema.

Uma outra fragilidade decorre da inexistência de controlo dos financiamentos directos das campanhas eleitorais efectuados pelos candidatos.

---

[65] Cf. «Recommandation du Conseil visant à renforcer la lute contre la corruption d'agents publics étrangers dans les transactions commerciales internationales», 26 novembre 2009 e, sobretudo, o «Guide de Bonnes Pratiques pour les Contrôles Internes, la Déontologie et la Conformité».

De igual modo a disponibilização pública de todo o processo de financiamento dos partidos e das campanhas eleitorais, permitindo uma efectiva prestação de contas públicas perante os cidadãos eleitores que se servem dos partidos para exercer a democracia, surge como exigência para uma boa governação.

3. Um conceito jurídico-político de corrupção?

Corrupção e Estado de Direito, corrupção e democracia[66], corrupção e *good governance*, economia e corrupção, são alguns dos tópicos através dos quais se vêm tratando, com muita profundidade, várias questões patológicas dos sistemas de governo que, quando não se reconduzam ao tipo criminal especifico «corrupção», envolvem sintomas demasiado próximos da má governação[67].

Existe a percepção, hoje, de uma relação econométrica entre uma maior ou menor taxa de corrupção de um País e o seu desenvolvimento económico bem como entre essas taxas de corrupção e o seu desenvolvimento democrático.

Altos níveis de corrupção estão associados a fracos níveis de desenvolvimento social, económico e político.

---

[66] Sobre os efeitos directos e indirectos entre corrupção e democracia e o desenvolvimento económico nomeadamente o impacto da corrupção nos processos de formação democrática cf. Michael Johnston, «Corruption et Démocracie», *Revue Tiers Monde*, n.º 161, janvier-mars 2000, p. 117.

[67] Sobre esta perspectiva do fenómeno de «corrupção» como má governação, cf. Jean Cartier-Bresson, La Banque Mondiale, «La Corruption et La Gouvernance», *Revue Tiers Monde*, n.º 161, Janvier-Mars 2000, p. 165.

O que parece uma constatação unânime dos estudos publicados, bem como o facto de a corrupção ser uma ameaça ao desenvolvimento político e económico dos países não permite, no entanto, afirmar que a questão da democracia e do desenvolvimento são só por si condições para que não haja corrupção[68].

Parecem ultrapassadas as opiniões de alguns autores que sustentavam a afirmação de que a corrupção poderia ser, de alguma forma, uma alavanca a determinados estímulos económicos por virtude da facilitação e agilização de sistemas burocráticos[69].

O discurso sobre o Estado de Direito, desde a sua emersão liberal no século XVIII, como oposição ao Estado despótico ou ao Estado-polícia, tem sofrido ao longo dos séculos uma evolução e mesmo algumas mutações significativas que têm vindo a densificar o que o conceito trazia de original: a conformação de um Estado às regras do direito e da governação controlada.

Dos novos discursos sobre o Estado de Direito salienta-se a questão da boa governação ou *good governance*, como princípio da condução responsável dos assuntos do estado. Segundo Gomes Canotilho, de tal princípio «emerge o aprofundamento do contexto político, institucional e constitucional através da avaliação permanente do respeito

---

[68] Cf. os estudos citados por Michael Johnston, «Corruption...», cit., p. 121. Também neste sentido Luís H. Contreras Alfaro, *Corrupcion y Principio de Oportunidad Penal*, cit., p. 135.

[69] Cf. sobre estas posições Bruno Wilhem Speck (org.), *Caminhos da Transparência, Análise dos Componentes de um Sistema Nacional de Integridade*, Editora da Unicamp, São Paulo, 2002, p. 26.

pelos direitos humanos, dos princípios democráticos e do Estado de Direito»[70].

O que pretende sublinhar-se, através de uma visão inovadora, expansionista e, de alguma forma, globalizante sobre o conceito de Estado de Direito, é que a sua implementação está hoje directamente ligada a determinados tópicos que vão além do mero quadro constitucional que assegura eleições livres, sustentadas em partidos políticos estruturados, governação directa ou indirectamente decorrente do resultado das eleições e existência de tribunais independentes.

Uma sociedade globalizada, aberta, multicultural e sustentada em princípios de justiça e garantia dos direitos humanos exige mais aos quadros normativos e à pragmática que conforma o exercício dos poderes pelos governantes.

O exercício da acção pública sustentada na boa governação impõe desde logo que se exija um Estado absolutamente transparente e livre da corrupção.

O que impõe uma capacidade de fiscalização e controlo dos órgãos decisórios autónoma, efectiva e eficaz.

A responsabilidade na acção política sustentada nos princípios da boa governação e a prestação de contas de quem exerce os poderes constitucionalmente estabelecidos não pode ter apenas como filtro o escrutínio eleitoral, impondo-se uma capacidade de fiscalização e controlo dos órgãos decisórios autónoma, efectiva e eficaz.

O princípio da condução responsável dos assuntos do Estado exige uma pragmática assente na necessidade de solidificar as instituições, nomeadamente as instituições de justiça de modo a evitar a captura dos Estados por fenómenos totalitários como a corrupção.

Instituições fortes, como exemplo para essa política, passam necessariamente por um sistema judicial independente, dotado de profissionais competentes, cultural e tecnicamente bem formados, onde toda a problemática do entendimento da expansividade dos direitos fundamentais dos cidadãos esteja interiorizada. Mas também dotado de meios adequados e suficientes para enfrentar sem constrangimentos os problemas que se suscitam, nomeadamente no domínio da prevenção, investigação e julgamento de actos de corrupção.

Instituições como o Banco Mundial ou a OCDE têm vindo a insistir na ideia de que uma boa gestão de governo, nomeadamente onde são constatáveis fracos níveis de corrupção, se traduz em benefícios para o desenvolvimento dos países, pese embora alguns autores alertarem para a inconveniência do tratamento no mesmo plano do que é a *governance* e do discurso da luta contra a corrupção, que surgem com alguma frequência[71].

É certo que um conceito jurídico-político de corrupção deverá enquadrar um alargado conjunto de categorias jurídico penais diversificadas, perfeitamente autónomas, mas que, pelo tipo de bens jurídicos que protegem, não podem deixar de ser tratadas, numa perspectiva de patologia do sistema, no âmbito macro-jurídico da corrupção.

Assim, na perspectiva da dogmática penal, evidencia-se um conjunto de tipos criminais que envolvem não apenas

---

[70] *"Brancosos" e Interconstitucionalidade, Itinerários dos Discursos sobre a historicidade constitucional*, cit., p. 329.

[71] Assim e numa visão muito lúcida, cf. Daniel Kaufman, «Diez mitos sobre la gobernabilidad y la corrupción», *Finanzas e Desarrollo*, Septiembre 2005, p. 41.

os crimes de corrupção *stricto sensu*, nas suas vertentes de corrupção activa e passiva, pública e privada, do fenómeno desportivo mas também de crimes como o tráfico de influências, o peculato, a prevaricação, o abuso de poder e a violação de regras urbanisticas que, tutelando bens jurídicos diferenciados, e por isso dando cobertura a realidades diversas do ponto de vista criminal, põe em causa de uma forma ampla a «boa governação».

O largo espectro criminal abrangido por aquele conjunto de crimes consubstancia o que alguns autores referem como o apelo à necessidade de manter e respeitar as «regras do jogo», aqui se englobando não só as regras do jogo democrático mas também as regras do jogo de mercado[72].

Será assim adequado, neste sentido jurídico político de corrupção, lançar mão de um conceito amplo de corrupção que pode irradiar de uma definição nuclear assente no «abuso da função pública em benefício privado»[73], onde se engloba aquele conjunto diversificado de tipos criminais.

---

[72] Cf. neste sentido, Juliete Tricot, «La corrupcion internationale», cit., p. 755, que faz apelo, também à dualidade que se faz sentir nos dois vectores da internacionalização, ou seja os direitos do homem e a economia.

[73] Neste sentido cf. Daniel Kaufman, «Diez mitos sobre la gobernabilidad y la corrupción...», cit., p. 41.

IV. AS PARCERIAS PÚBLICO-PRIVADAS

1. Enquadramento geral

Nas várias linhas de desenvolvimento do discurso jurídico contemporâneo onde se podem buscar dimensões da *governance*, é particularmente relevante uma dimensão que associa uma abordagem diferenciada da gestão da administração pública envolvendo o sector privado. Trata-se das parcerias público privadas (PPP).

Os últimos anos do século XX, a par de inúmeras modificações no sistema político e económico, fizeram emergir na gestão da sector público a utilização de uma figura jurídica nova, cujo traço identificativo ou característico fundamental é a conjunção ou colaboração do Estado com entidades privadas para a concretização de um fim que de outro modo se tornaria difícil de atingir com os mesmos custos, pressupondo, também, uma forma de gestão diferenciada, segundo uma lógica privada.

Nas PPP está em causa um novo estilo de governo, distinto do modelo de controlo hierárquico, caracterizado por um maior grau de cooperação e de interacção entre o Estado e os actores não estaduais, nomeadamente as empresas privadas[74]. Eduarda Azevedo fala num «novo

---

[74] Assim e neste sentido Renate Mayntz, in «La teoria della governance, Sfide e Prospective», in *Rivista Italiana Di Scienza Politica*, a.XXIX, n.º 1 aprile 1999, p. 3.

modelo de governação pública apelando à reconfiguração das funções do Estado e ao reforço do papel da iniciativa privada na execução das tarefas publicas bem como à assimilação dos valores e práticas do *new public management*»[75].

Parece reflectir-se aqui um retorno à *corporate governance*, no sentido da assumpção de princípios que estando inicialmente subjacentes à governabilidade e gestão das sociedades e empresas, são adoptados na gestão da «coisa pública».

Partindo do pressuposto de que numa economia global o sistema público-privado assume uma intervenção que até agora não tinha[76], os instrumentos teóricos que permitam enfrentar os problemas práticos que decorrem dessa alteração de papeis devem ter alguma autonomia.

Nas PPP trata-se, ainda, de formas de «estratégias de privatização de que o Estado também se serve no domínio da execução de tarefas de que continua a estar incumbido»[77].

Dificilmente definíveis, até pela amplitude das figuras jurídicas que compreendem e a maleabilidade operativa que proporcionam, vale a pena começar por referir, de

---

[75] Cf. Maria Eduarda Azevedo, *Parcerias Publico-Privadas: Instrumento de uma nova governação pública*, Almedina, Coimbra, 2009, pp. 509 e 535.

[76] Neste sentido, falando numa «globalização ideológica do discurso sobre a bondade da participação privada na governação pública», cf. Pedro Gonçalves in *Entidades Privadas com Poderes Públicos*, Almedina, Coimbra, 2005, p. 1100.

[77] Assim Pedro Gonçalves, *Entidades Privadas com Poderes Públicos*, cit., p. 321.

uma forma genérica, que as parcerias público privadas caracterizam formas de cooperação entre autoridades públicas e as empresas, tendo por objectivo assegurar o financiamento, a construção, a renovação, a gestão ou a manutenção de uma infra estrutura ou a prestação de um serviço.

As PPP têm tido um enorme desenvolvimento em quase todos os países da OCDE e da União, sempre com o objectivo de, através delas, serem desenvolvidas novas infraestruturas nos países com menos custos para o Estado e, sobretudo, concretizadas de forma mais rápida. Mas sempre com défices de regulação normativa comum aos vários países[78].

A constatação da relevância, como instrumento político, que as parceria público privadas assumem na União e a inexistência de um quadro jurídico de direito comunitário, levou a Comissão Europeia a elaborar em 2004 o «*Livro Verde sobre as parcerias público privadas e o direito comunitário em matéria de contratos públicos e concessões*»[79], a que se seguiram outros documentos de grande importância prática, nomeadamente sobre a eventual necessidade de efectuar (ou não) uma regulamentação mais precisa na União Europeia sobre a matéria, como é o caso da «*Comunicação da Comissão ao Parlamento Europeu, ao Conselho, ao Comité Económico e Social*

---

[78] Sobre as dificuldades de gestão das parcerias na Europa pode ver-se David Giauque, «Les difficultés de gestion des partenariats public-privé en Europe», *Revue Française d'Administration Publique*, n.º 130, 2009.

[79] O documento pode ser consultado em *http://eur-lex.europa.eu/smartapi/cgi/sga*.

e ao Comité da Regiões sobre as parcerias público privadas e o direito comunitário sobre contratos públicos e as concessões».[80]

Segundo o Livro Verde, o recurso acrescido às operações de PPP explica-se por diversos factores que se podem sintetizar no seguinte: restrições orçamentais dos Estados; necessidades de financiamentos privados no sector público; vontade de beneficiar da experiência e dos modos de funcionamento do sector privado no âmbito da vida pública; alteração do papel do Estado de operador directo para organizador, regulador e fiscalizador.

A necessidade de efectuar investimentos de «largo espectro» na sociedade, satisfazendo necessidades colectivas cuja concretização envolve verbas elevadas de difícil responsabilização pelo próprio Estado, constitui o motivo fundamental que está na origem do fenómeno e também da sua rápida expansão. Ou seja, a realística constatação da não elasticidade dos fundos públicos aliada à necessidade de concretizar investimentos, sem aumento desmedido da despesa pública.

Como características específicas das PPP, identificam-se três aspectos fundamentais: (i) duração dos projectos; (ii) participação dos privados na concepção, realização e aplicação dos projectos através dos meios de gestão utilizados no sector privado; (iii) definição do interesse público e controlo do cumprimento desses objectivos. Saliente-se, nestas características, a imperiosa e inequívoca vantagem que o lançamento das parcerias deve constituir para o interesse público.

---

[80] O documento pode ser consultado em *http://eur-lex.europa.eu/smartapi/cgi/sga*.

No caso português, para além das finalidades expressamente referidas no artigo 4.º do Decreto-lei n.º 86/2003, de 26 de Abril, no artigo 11.º n.º 2 do mesmo diploma expressamente se refere como condição para uma não adjudicação ou não atribuição, o facto dos resultados não estarem de acordo com «os fins de interesse público subjacentes à constituição da parceria».

A finalidade do «interesse público» é assim um requisito autónomo que, aliás, o Tribunal de Contas vem identificando e referindo expressamente em relação aos restantes requisitos. Nesse sentido é sintomática a jurisprudência daquele Tribunal ao referir que «o lançamento e a contratação da parceria público-privada pressupõem a configuração de um modelo de parceria que apresente para o parceiro público vantagens relativamente a formas alternativas de alcançar os mesmos fins, avaliadas nos termos previstos no n.º 2 do art.º 19.º da Lei de Enquadramento Orçamental, sob pena de violação do disposto na al. c) do n.º 1 do art.º 6.º do RJPPP»[81].

Importa, por outro lado, sublinhar a questão do «risco» como elemento essencial da estruturação do conceito.

Implicando necessariamente valores elevados, o lançamento e a execução de uma PPP comporta uma dose elevada de risco.

Os autores identificam, aliás, a necessidade das entidades privadas e públicas partilhando custos, partilharem

---

[81] Cf. a jurisprudência que vem sendo expressa nos Acórdãos do TC n.ºs 161/2009, 164/2009 e 169/2009 (disponível em www.tcontas.pt).

também os riscos[82], nomeadamente de natureza financeira, sublinhando serem as entidades privadas as entidades mais indicadas para gerirem o financiamento de modo a controlar o aumento de custos.

Sobre o risco, o Banco Europeu de Investimentos considera como principal característica das parcerias o facto de implicarem a partilha de riscos entre as entidades públicas e privadas com base num compromisso comum e tendo em vista a realização de um objectivo de interesse público[83].

Por sua vez o Livro Verde elaborado pela Comissão refere que as PPP não implicam necessariamente que o parceiro do sector privado assuma todos os riscos, ou a parte mais importante dos riscos decorrentes da operação. A distribuição precisa dos riscos efectuar-se-á caso a caso, em função das capacidades respectivas das partes em causa para os avaliar, controlar e gerir.

Na exposição de motivos do Decreto-lei n.º 86/2003, de 26 de Abril, que regulamenta as parcerias público-pri-

---

[82] Assim António A. Figueiredo B. Pombeiro, *As PPP/PFI Parcerias Público Privadas e a sua Auditoria*, Áreas Editora, Novembro de 2003, p. 51. Eduarda Azevedo fala nos «riscos que o sector privado pode gerir melhor», cf. *Parcerias Publico Privadas: Instrumento de uma nova Governação Pública*, cit., p. 528. De igual modo salientando o risco como elemento essencial na ordem de transferências de responsabilidades, cf., Tim Burr, «Os desafios que se colocam a uma Instituição Superior de Controlo Financeiro num Contexto de Mudança», in *O Estado no Século XXI, Redefinição das suas Funções?* INA, 2005 p. 103.

[83] Cf. o parecer do Comité Económico e Social Europeu sobre «*O papel do BEI nas parcerias público-privadas e as consequências para o crescimento*», 2005/C234/12 publicado no Jornal Oficial da União Europeia de 22.9.2005

vadas, expressamente se refere o «relacionamento de longo prazo entre os parceiros públicos e privados, envolvendo a repartição de encargos e riscos».

Quanto à motivação, há que referir a intenção lucrativa por parte das entidades privadas que estão associadas aos objectivos das PPP. Mesmo quando as entidades privadas sejam instituições sem fins lucrativos, há sempre um *Value for Money* subjacente à motivação.

«O parceiro público participa para cumprir as suas missões de interesse público e o parceiro privado para obter lucro», refere Pedro Gonçalves[84].

Alguns autores falam na especificidade das PPP, em relação a outras formas de colaboração entre o sector público e o sector privado quando estejam reunidos dois elementos: o investimento privado e a sucessiva exploração[85].

A questão dos elevados financiamentos envolvidos nas parcerias levou ao desenvolvimento de instrumentos financeiros próprios e quase exclusivos, como o denominado *Project Finance*.

Tendo por base uma ausência de recursos ou de recursos iniciais limitados, aquele mecanismo financeiro assume-se como uma estrutura de financiamento de longo prazo, a efectuar por uma ou várias entidades financeiras

---

[84] Cf. Pedro Gonçalves, *Entidades Privadas Com Podres Públicos*, cit., p. 328.

[85] Cf., neste sentido, Alexandra Pessanha e Fernando Xarepe Silveiro, «Estudo do Decreto-lei n.º 86/2003, de 26 de Abril. Regime Procedimental das Parcerias Público Privadas», *Revista do Tribunal de Contas* n.º 40, Julho/Dezembro de 2003, p. 34.

ao consórcio público-privado que se envolve na parceria. A sua estrutura assenta no acolhimento dos lucros futuros que serão gerados por um determinado projecto como fonte primeira dos fundos necessários para satisfazer os serviços da divida originada pelo financiamento desse projecto.

O problema dos elevados valores financeiros é uma das «questão-chave» que impulsiona e atravessa todo o regime das parcerias.

No caso português o Decreto Lei n.º 86/2003, de 26 de Abril que define as normas aplicáveis à intervenção do Estado da definição, concepção, preparação, concurso, adjudicação, alteração, fiscalização e acompanhamento global das PPP, excluí do âmbito da sua aplicação «todas as parcerias público-privadas que envolvam um encargo acumulado actualizado inferior a 10 milhões de Euros ou um investimento inferior a 25 milhões de euros, excluindo-se destes montantes os provenientes dos fundos comunitários» – artigo 2.º, n.º 5 alínea d).

Risco, valor e lucro são, assim, as questões nucleares onde germinam muitos dos problemas que levam a patologias que importa prevenir.

No que respeita ao risco trata-se de aceitar, tanto pelo parceiro público como pelos privados, uma dimensão plural de factores nomeadamente, nos investimentos efectuados e no seu retorno, no plano da qualidade do serviço que se vai prestar com a concretização da parceria e ainda no plano das contingências do mercado.

A identificação precisa dos riscos em todo o processo que envolve o lançamento e a execução da parceria é um factor essencial para o processo de decisão pelo parceiro público.

Assim, a entidade pública pode enfrentar os seguintes tipos de riscos: clareza sobre os objectivos da parceria, negociação com um parceiro apropriado, protecção dos interesses públicos no caso de ser parceiro minoritário, controlo da evolução do interesse público na parceria e âmbito da responsabilidade do Estado em caso de dificuldades. Todos estes tipos de risco são por sua vez desenvolvidos em outros ítens para que possam ser detectados pelas entidades fiscalizadoras.

À identificação dos riscos principais detectados nos vários processos de PPP com os quais os vários Estados têm sido confrontados, deve corresponder um conjunto de metodologias e acções para gerir tais riscos[86].

O INTOSAI (Organização Internacional da Entidades Fiscalizadoras Financeiras)[87] elaborou um conjunto de directivas sobre boas práticas para controlo do risco nas PPP a efectuar pelas entidades fiscalizadoras.

Para o INTOSAI, a corrupção surge como um dos riscos que é identificado como relevante no processo de selecção do parceiro e, juntamente com o branqueamento de capitais, passível de ocorrer ao longo da duração da parceria.

---

[86] Cf. INTOSAI, *Directives sur les Meilleures Pratiques pour l'Audit du risque dans des Partenariats Publics/Privés (PPP)*, Budapest, Outubro de 2004, p. 7.

[87] O INTOSAI é uma organização que engloba as instituições que controlam financeiramente os Estados, sejam Tribunais de Contas sejam outro tipo de entidades, cfr. www.intosai.org.

A disseminação das parcerias por vários sectores da economia e a sua aplicação nos variadíssimos países onde se tem desenvolvido[88] não permitiu que, até agora, se tenha chegado a um consenso sobre a necessidade de, a nível Europeu, se criar um regime jurídico próprio e especifico para as PPP[89].

No entanto a afirmação de princípios existentes e solidificados no domínio da União Europeia que se aplicam a outros actos que vinculem as entidades públicas surge como elemento que pretende suprir essa omissão legislativa. Daí que se entenda que «qualquer acto através do qual uma entidade pública confie a prática de uma actividade económica a um terceiro deve estar subordinado às regras e princípios do Tratado da CE [hoje Tratado de Lisboa] nomeadamente a transparência, igualdade de tratamento, proporcionalidade e reconhecimento mútuo»[90].

---

[88] As parcerias público-privadas têm tido uma grande utilização no Reino Unido, na Irlanda, na Itália, em Espanha e em França onde se têm vindo a desenvolver variadíssimos projectos em várias áreas económicas, com incidência da área da saúde e nas áreas das infraestruturas. Desenvolvidamente cf. Maria Eduarda Azevedo, *Parcerias Publico Privadas: Instrumento de uma nova Governação Pública*, cit., p. 135 e ss.

[89] Cf. o Parecer do Comité Económico e Social Europeu sobre «*O papel do BEI nas parcerias público-privadas e as consequências para o crescimento*», cit., p. 57.

[90] Assim, Carlos Moreno, «O Controlo Externo do Tribunal de Contas relativo às parcerias público privadas», *Estudos em Homenagem ao professor Doutor Paulo Pitta e Cunha*, Volume II, Almedina, 2010, p. 70.

2. As Parcerias Público Privadas em Portugal

a) *O regime normativo*

Em Portugal apenas em 2003, com a publicação do Decreto-lei n.º 86/2003, de 26 de Abril, entretanto modificado pelo Decreto-lei n.º 141/2006, de 27 de Julho, foi regulamentado, de forma precisa e unívoca o regime jurídico das PPP[91].

Até à publicação da referida Lei, foram realizadas concessões pelo Estado enquadradas no âmbito jurídico das PPP, se bem que juridicamente tuteladas por instrumentos normativos existentes à data[92]. Por outro lado foram especificamente efectuadas experiências sectoriais que consubstanciaram efectivas PPP sujeitas a instrumentos jurídicos específicos que se compatibilizaram com outros já existentes no ordenamento jurídico português.

Em 2002, surgiu o Decreto Lei n.º 185/2002 de 20 de Agosto, um diploma inovador que define os princípios e os instrumentos para o estabelecimento de parcerias em saúde, em regime de gestão e financiamento privados,

---

[91] Sobre as parcerias publico privadas em Portugal, desenvolvidamente, Maria Eduarda Azevedo, *Parcerias Publico Privadas: Instrumento de uma nova Governação Pública*, cit., esp. pp 265 e ss. e Nazaré da Costa Cabral, *As Parcerias Publico Privadas*, Almedina, Coimbra, 2009.

[92] Uma extensiva listagem de experiências de concessões efectuadas pelo Estado em Portugal até 2003, bem como o seu regime jurídico pode ver-se em António A. Figueiredo B. Pombeiro, *As PPP/PFI Parcerias Público Privadas e a sua Auditoria*, cit., pp. 70 e 212 e também em Maria Eduarda Azevedo, *Parcerias Publico Privadas: Instrumento de uma nova Governação Pública*, cit., pp. 265-290.

entre o Ministério da Saúde ou instituições e serviços integrados no Serviço Nacional de Saúde e outras entidades[93].

A estrutura complexa subjacente ao regime jurídico das PPP esteve presente nos propósitos dos legisladores de 2003 e 2006 ao regulamentar de uma forma uniforme um sistema assente em interesses, objectivos e finalidades por vezes muito distantes.

Estabeleceu-se um quadro normativo onde se concretizam os princípios da repartição das responsabilidades, do acréscimo de eficiência da afectação de recurso públicos e da partilha de riscos que estão em causa[94].

O Decreto-Lei n.º 86/2003, começa por definir, no seu artigo 2.º n.º 1 o que são, para efeitos da lei as PPP: «Para os efeitos do presente diploma, entende-se por parceria público-privada o contrato ou a união de contratos, por via das quais entidades privadas, designadas por parceiros

---

[93] Sobre as Parcerias Privadas em Saúde cf. Jorge Abreu Simões, «Parcerias público-privadas no sector da saúde» in *A reinvenção da função pública*, INA, 2002, p. 185, Pedro Silva, *Fundamentos e Modelos nas Parcerias Publico Privadas na Saúde. O Estudo dos Serviços Clínicos*, Almedina, Coimbra, 2009 e Maria Eduarda Azevedo, *Parcerias Publico Privadas: Instrumento de uma nova Governação Pública*, cit., p. 290 Sobre a necessária compatibilização do regime das parcerias em saúde com o regime legal geral criado com o Decreto Lei n.º 86/2003 e as dificuldades que essa compatibilização consagra, cf. Alexandra Pessanha e Fernando Xarepe Silveiro, «Estudo do Decreto-lei n.º 86/2003, de 26 de Abril. Regime Procedimental das Parcerias Público Privadas», cit., p. 52.

[94] Cfr. Artigos 4.º, 5.º e 7.º do Decreto-lei n.º 86/2003. Sobre estes princípios e a sua aplicação no sistema de fiscalização no domínio dos poderes do Tribunal de Contas, cf. Alexandra Pessanha, Fernando Xarepe Silveiro «Estudo do Decreto-lei n.º 86/2003, de 26 de Abril. Regime Procedimental das Parcerias Público Privadas», cit., p. 27.

privados, se obrigam, de forma duradoura, perante um parceiro público, a assegurar o desenvolvimento de uma actividade tendente à satisfação de uma necessidade colectiva, e em que o financiamento e a responsabilidade pelo investimento e pela exploração incumbem, no todo ou em parte ao parceiro privado».

Estabelece, igualmente, de uma forma tipificadora e não exemplificadora, quem pode ser «parceiro público»[95], fixando, além disso, quais as formas que podem assumir os instrumentos de regulação jurídica entre os parceiros.

Para além dos princípios, é estabelecido um regime normativo referente ao procedimento que conduz à adjudicação da parceria, bem como ao acompanhamento da execução do projecto adjudicado.

No que respeita ao procedimento para a concretização das PPP, a alteração legislativa de 2006 veio introduzir algumas modificações não só resultantes de uma análise efectuada à experiência adquirida na gestão dos processo de parceria que foram iniciados desde 2003, como também por virtude de sugestões efectuadas pelo Tribunal de Contas, como órgão financeiro de controlo[96] que, entretanto,

---

[95] Uma das alterações efectuadas pelo Decreto-Lei n.º 141/2006, de 27 de Julho, foi alargar a possibilidade de PPP desenvolvidas por empresas públicas sob a forma societária – cf. nova redacção do artigo 2.º alínea c).

[96] Cfr. Tribunal de Contas, *Auditoria aos Encargos do Estado com as Parcerias Público Privadas – Concessões Rodoviárias e Ferroviárias* -, Relatório n.º 4/2007, 2.ª secção, Lisboa, Janeiro, 2007, in *www.tcontas.pt* (Outubro de 2007), p. 22.

elaborou diversas auditorias quer aos encargos do Estado quer ao sistema do controlo externo das parcerias[97].

O processo inicia-se, formalmente, com a notificação escrita do Ministério que sectorialmente estiver envolvido no processo ao Ministério da Finanças para desencadear a constituição da comissão de acompanhamento e preparação do projecto da parceria, apresentando o respectivo estudo estratégico, para além das minutas dos instrumentos jurídicos para a realização do procedimento prévio à contratação.

Tal notificação tem subjacente a «averiguação prévia do posicionamento do sector privado relativamente ao tipo de parceria em análise, tendo em vista, designadamente, a constatação dos potenciais interessados e das condições de mercado existentes» efectuada pelo ministério da tutela, que entretanto, prepara o projecto.

Efectuada a nomeação da referida comissão de acompanhamento da preparação e avaliação prévia do projecto da parceria, a mesma deverá elaborar um relatório que conterá a recomendação da decisão a ser tomada, após apreciação dos pressupostos a que obedeceu o estudo prévio apresentado e aprofundada a análise estratégica e financeira subjacente, com vista à adequada inserção dos

---

[97] Cfr. Tribunal de Contas, *Auditoria aos Encargos do Estado com Parcerias Público Privadas*, Relatório n.º 33/05 – 2.ª Secção, e do mesmo Tribunal «O Controlo Externo das Parcerias Público Privadas (A experiência Portuguesa). Sobre o controlo que tem sido efectuado nos últimos anos pelo Tribunal de Contas relativamente a todas as parcerias lançadas em Portugal, cf. Carlos Moreno, «O Controlo Externo do Tribunal de Contas relativo às parcerias público privadas»,cit. p. 69 e ss.

objectivos do Governo e a maximizar o seu impacte positivo na economia[98].

Deverá o relatório discriminar quantitativamente os encargos para o parceiro público ou para o Estado bem como o impacte potencial dos riscos, directa ou indirectamente afectos ao parceiro público. Após audição do órgão de gestão da entidade pública interessada, quando for caso disso, os Ministérios das Finanças e da tutela em causa aprovam as condições de lançamento da parceria.

À publicação das condições de lançamento da parceria, obedecendo aos requisitos estabelecidos no artigo 10.º, segue-se a apresentação das propostas pelos privados que serão objecto de avaliação por uma nova comissão designada pelos Ministérios das Finanças e da tutela.

A avaliação efectuada por esta comissão será, por um lado quantitativa em relação aos riscos e encargos em que incorre o parceiro público ou para o Estado, bem como a estimativa do impacte potencial dos riscos, directa ou indirectamente afectos ao parceiro público decorrentes do conteúdo e natureza de cada uma das propostas. Por outro lado avaliará o mérito relativo das propostas, tendo em conta as vantagens que configure para o parceiro público relativamente a formas alternativas de alcançar os mesmos fins e que, simultaneamente apresente para os parceiros privados uma expectativa de obtenção de remuneração adequada aos montantes investidos e ao grau de risco que incorrem[99].

---

[98] Conforme dispõe o artigo 8.º n.º 7 do Decreto-Lei n.º 86/2003, de 26 de Abril na redacção do Decreto-Lei n.º 141/2006 de 27 de Julho.

[99] Cf. os artigos 6.º e 9.º do Decreto-Lei n.º 86/2003 modificado pelo Decreto-Lei n.º 141/2006 de 27 de Julho.

A adjudicação é realizada mediante despacho conjunto dos Ministros das Finanças e da tutela sectorial ou, quando se trate de entidades com personalidade jurídica, por acto do respectivo órgão de gestão precedido de despacho favorável daqueles ministros depois de apreciarem o relatório da comissão de avaliação de propostas.

Numa segunda fase, já na execução da parceria, é estabelecido um sistema de fiscalização e controlo da execução da parceria por entidade ou serviço a indicar pelo Ministérios da Finanças e da tutela da área onde se pretende desenvolver a parceria.

b) *Algumas perplexidades*

Algumas omissões e perplexidades são contatáveis no regime jurídico das PPP, nomeadamente no domínio das referências intencionais do legislador à necessidade de garantir os princípios da transparência e da igualdade de tratamento, bem como da objectividade e integridade, controlo da imparcialidade e mesmo a garantia da concorrência.

Assim, num primeiro tópico, na avaliação prévia ao sector privado para a constatação dos potenciais interessados e das condições de mercado existentes, deverão apenas e só presidir critérios objectivos decorrentes das necessidades públicas que se pretendem satisfazer.

Num segundo tópico, recorde-se que todo o procedimento da avaliação que leva à adjudicação é relativamente burocrático envolvendo um conjunto de entidades («funcionários») que estudam, apreciam e emitem pareceres ou decisões sobre matérias que envolvem montantes financeiros elevadíssimos.

O grau de preparação técnica elevada suscita a necessidade a permanentes intervenções de consultores, a maior parte das vezes em regime de *outsourcing*.

É essencial, por isso, que não se verifiquem nem dependências extremas a tais consultores, nem situações que gerem ou possibilitem suspeições relativas a eventuais conflitos de interesses. A constatação desse problema, nomeadamente pelo Tribunal de Contas no relatório 33/05, citado, levou a que este Tribunal efectuasse uma recomendação no sentido do Estado reforçar as «competências e as equipas de monitorização e gestão dos contratos de PPP das entidades públicas contratantes de modo a evitar a sua dependência»[100].

Por outro lado, o Decreto-lei n.º 141/2006, de 27 de Julho veio, entretanto, estabelecer um regime normativo próprio e relativamente pormenorizado sobre o processo de contratação de consultores para apoio aos processos de parcerias, não só através da imposição de uma justificação fundamental para tal, como também impondo um conjunto de impedimentos ao mesmo consultor em relação à entidade privada que se apresente como concorrente no âmbito dessa parceria.

Num terceiro tópico, torna-se necessário criar um conjunto de mecanismos financeiros que protejam os negociadores e intervenientes, não permitindo, a nenhum título, que sejam postos em causa, por mecanismos de persuasão económica, a deturpação dos critérios legal e previamente estabelecidos. Critérios esses que assentam apenas e só no interesse público, no grau de risco partilhado e obviamente

---

[100] Cfr. Relatório n.º 33/05 – 2.ª secção do Tribunal de Contas.

na expectativa de obtenção de uma remuneração («lucro») por parte dos privados.

A constatação de um número elevado de intervenientes em todo o procedimento impõe, também, a necessidade de uma transparência total no registo de interesses de todos os que aí intervenham como «não partes» interessadas.

Trata-se de evitar não apenas conflitos de interesses, muitas vezes indirectos, mas sobretudo que as regras da transparência e da concorrência, subjacentes ao mercado possam também ser viciadas, pondo em causa todo o princípio de gestão responsável subjacente à admissibilidade das parcerias.

Num quarto tópico, importa referir que as PPP assentam numa vinculação duradoura, sendo esse um dos aspectos fundamentais do processo.

Trata-se de concretizar projectos de longa duração que vinculam os protagonistas para além de um tempo previamente limitado em termos de legitimação político-constitucional.

No que respeita aos protagonistas públicos, está-se em presença de outorgantes que, quando vinculam o Estado que representam, estão a fazê-lo numa perspectiva que vai inequivocamente para além da legislatura que politicamente os legitima, sendo certo que, previsivelmente, não irão responder, politicamente, pelo sucesso ou fracasso da opção.

O decisor político que inicia o processo da parceria pode não ser o decisor político que assume a decisão da escolha da parceria e também pode não vir a ser o decisor que irá «recolher» os benefícios políticos da parceria.

É, assim, necessário assegurar um conjunto de regras que tornem transparente todo o processo, nomeadamente com a criação de graus exigentes de impedimentos de participação dos decisores políticos em futuros «lugares chave» dos parceiros privados.

Alguns dos problemas suscitados inferem-se, também, no que Pedro Gonçalves chama de «falta de rigor – imputável aos "calendários eleitorais" à negligência e, por vezes à pura falta de bom senso – dos responsáveis públicos nas operações de montagem de parcerias (sem riscos para os parceiros privados ou disciplinados por contratos que propiciam lucros maiores em caso de modificação do que em caso de execução»[101].

Num quinto tópico, o controlo externo jurisdicional sobre o processo é uma outra dimensão que importa relevar, nomeadamente a intervenção jurisdicional para efeitos da resolução de litígios decorrentes do processo das parcerias.

Tratando-se de um processo em que o tempo, os interesses financeiros e os riscos inerentes ao projecto configuram o núcleo essencial do instituto, são elevados os riscos de alterações, modificações dos termos dos contratos bem como o desencontro de posições entre os parceiros, podendo por isso suscitar-se conflitos entre as partes.

A constatação desse facto levou o legislador português a consagrar não só um conjunto de regras próprias para enquadrar o processo de alteração das parcerias[102], nos seus vários aspectos, como também o estabelecimento de

---

[101] Cfr. Pedro Gonçalves, *Entidades Privadas com Poderes Públicos*, cit., p. 329.

[102] Ao artigo 14.º da versão inicial do Decreto-lei n.º 86/2003 de 26 de Abril o legislador de 2006 acrescentou sobre esta matéria três novos artigos – artigo 14.º-A, 14.º-B e a4.º-C.

uma norma especifica sobre o acompanhamento dos processos em Tribunais arbitrais.

O legislador português,[103] impôs, nestas situações, uma «comunicação imediata aos Ministros das Finanças e da tutela sectorial» logo que seja requerida a constituição de um tribunal arbitral, devendo ser fornecidos todos os elementos que se revelem úteis ao acompanhamento do processo.

---

[103] Introduzido com a reforma do Decreto-lei n.º 86/2003 de 26 de Abril levada a cabo pelo Decreto-Lei n.º 141/2006 de 27 de Julho.

V. CORRUPÇÃO E PARCERIAS PÚBLICO PRIVADAS

Não será difícil percepcionar o grau de risco da corrupção que se evidencia nos sistemas de governação que utilizam PPP.

A complexidade dos procedimentos, a multiplicidade dos actores, os montantes financeiros que estão envolvidos, a diluição temporal das suas repercussões e a fragilidade dos sistemas de fiscalização e responsabilidade identificam-se concretamente como factores de risco de corrupção em todo o processo que envolve as parcerias.

Como se referiu, nas PPP são manifestos os valores económicos elevados envolvidos.

Por outro lado, a diluição no tempo, quer em termos de impacto financeiro, quer em termos de controlo é uma característica específica do instituto.

São, também, pressupostos de todo o procedimento, o relacionamento e a proximidade entre os agentes e responsáveis pelo sistema político com responsabilidades na decisão e os grupos económicos privados envolvidos no processo. Sublinha-se, neste tópico, o facto dos valores envolvidos nas parcerias implicar sempre a intervenção de um número reduzido de parceiros privados, por regra inseridos num «círculo» restrito de protagonistas com disponibilidade financeira suficiente para assumirem essas responsabilidades.

As empresas envolvidas encontram-se, por regra, inseridas em conglomerados económicos e empresariais nos quais os bancos e sociedades financeiras assumem, igualmente, interesses próprios e directos.

Constata-se igualmente uma estrutura burocrática nos procedimentos que levam à aprovação das parcerias.

Como se demonstrou, o processo de lançamento e decisão é relativamente complexo e moroso, envolvendo um conjunto de decisões intermédias suportadas em intervenções de vários sujeitos, nomeadamente consultores.

Numa outra dimensão é estreita a conexão entre o sistema económico e o financiamento do sistema político, através do financiamento dos partidos políticos por empresas ou pessoas a elas ligadas, como interlocutores privilegiados no acesso ao poder.

Assume, neste domínio, especial importância a questão da permeabilização dos protagonistas no complexo processo que envolve todo o procedimento que leva à autorização e concretização das parcerias.

No processo de «montagem», desenvolvimento e execução das parcerias, a circulação de personagens entre as várias instituições intervenientes e nas várias fases é notável.

Entre o decisor político, os decisores dos grupos privados, os consultores que circulam durante o processo[104], as

---

[104] A questão dos consultores, como se referiu infra, foi objecto de preocupação directa por parte do legislador português na reforma do Decreto-Lei n.º 86/2003 pelo Decreto-Lei 141/2006 de 27 de Julho que inclui um novo artigo no diploma – 14.º F – expressamente dirigido aos consultores externos dos processos das parcerias impondo razões justificativas, por um lado e mecanismos de impedimentos por outro.

retaguardas dos decisores políticos, ou seja os partidos políticos e as suas fontes de financiamento, constata-se com alguma frequência uma sobreposição de personagens no desempenho de diversos papeis.

O decisor político de hoje poderá ser o parceiro privado de amanhã ou, tão só, estar simplesmente na sua dependência funcional e/ou económica.

A circulação de actores entre o exercício da governação pública e o desempenho de funções nos grupos privados envolvidos nas PPP ou nos seus financiadores é, actualmente, assumida com alguma «naturalidade» e sem o mínimo factor de resistência.

O grupo privado de hoje certamente irá desenvolver a sua actividade no futuro, até porque investiu num projecto de longo prazo e pretende assegurar a sua posição no mercado, nomeadamente em áreas onde a concorrência existe em regra apenas entre «grupos» económicos muito sedimentados no mercado. A criação de redes de apoios e influências que lhe permitam ter sempre um acesso privilegiado ao decisor político surgem, dir-se-ia, inevitáveis e frequentes.

Daí que, através do seu poder económico, seja «útil» (senão mesmo necessário) financiar o sistema político através dos canais adequados, ou seja os partidos políticos, tanto nas campanhas eleitorais, como no desenvolvimento da sua actividade diária, quando aqueles necessitam de fundos.

Por outro lado, os grupos de interesses que se desenvolvem no sistema onde é decidida e resolvida toda a estratégia da concretização das parcerias público privadas, tanto no seu planeamento, na execução ou na gestão, como no seu financiamento, são próximos e dotados, também eles, de muitas conexões e interligações.

Os grupos económicos privados que investem em negócios onde as PPP são utilizadas são, ou podem ser, por sua vez, accionistas das empresas financeiras ou entidades bancárias que fazem parte dos grupos parceiros.

A "desmontagem" e consequente transparência de toda esta "rede" de cumplicidades, é objecto de preocupação em várias instâncias internacionais. É impressivo, neste sentido, o que se refere no documento «Comunicação da Comissão ao Conselho, ao Parlamento Europeu e ao Comité Económico e Social Europeu sobre uma Política Global da EU contra a Corrupção», de 28.05.2003, a propósito da luta contra a corrupção em órgãos de natureza especial entre os sectores público e privado. Manifestando uma preocupação pelo problema do conflito de interesses, aí se refere que «apenas a máxima transparência no financiamento dos parceiros sociais e grupos de interesses, nas despesas eleitorais e determinadas restrições sobre actividades ou representantes de tais entidades poderá garantir que agem com isenção relativamente a (potenciais) conflitos de interesses»[105].

Conforme se refere no documento, é frequente a natureza secreta destas ligações dificultar ou impedir mesmo a prova de quem recebeu e quem pagou "luvas" na acepção jurídico-penal[106].

---

[105] Cf. «Comunicação da Comissão ao Conselho, ao Parlamento Europeu e ao Comité Económico e Social Europeu sobre uma Política Global da EU contra a Corrupção», COM (2003) 317 final, Bruxelas 28.05.2003.

[106] Cf. «Comunicação da Comissão ao Conselho, ao Parlamento Europeu e ao Comité Económico e Social Europeu sobre uma Política Global da EU contra a Corrupção», cit., p. 19.

Este tipo de condutas e procedimentos são dificilmente passíveis de condenação, por envolverem práticas usuais nas várias áreas, onde se constata uma tolerância social, restrita aos grupos profissionais em causa, que aparentemente legitima tais comportamentos.

Finalmente, porque todo o processo de preparação das parcerias exige uma grau de especialização técnica aprofundada, é frequente o recurso por parte dos intervenientes, a sistemas de consultadoria de natureza jurídica, financeira ou técnica, sendo comum alguma coincidência entre os sistemas de consultadorias utilizados pelos parceiros privados e pelos parceiros públicos. De igual modo é frequente a circulação e a migracção de protagonistas, perfeitamente identificáveis, entre o exercício da governação pública e o desempenho profissional como consultores.

Em síntese, o «ambiente» onde se desenvolve todo o processo das PPP é uma área de risco acrescido, onde os interesses económicos, a burocracia nos procedimentos e as ligações entre os vários intervenientes nos procedimentos são propícios ao aparecimento de actos que potenciam fenómenos de natureza corruptiva, pondo em causa os princípios subjacentes à concretização da *good governance*.

E se esta constatação pode aplicar-se a qualquer sistema onde o regime das PPP é utilizado, serão acrescidas as razões de preocupação para Portugal, na medida em que «é o País europeu com maior percentagem de parcerias publico-privadas, quer em relação ao PIB quer em relação ao Orçamento»[107].

---

[107] Cf. Carlos Moreno, «O Controlo Externo do Tribunal de Contas relativo às parcerias público privadas» cit. p. 69.

VI. UMA AGENDA PREVENTIVA DA CORRUPÇÃO

O fenómeno da corrupção é actualmente percepcionado como fenómeno anti-sistémico, assente na perspectiva de que, no Estado de Direito, a violação de bens jurídicos, mesmo que de alguma forma persistentes, é «compensado» por reacções normativas de natureza sancionatória impostas pelo próprio sistema[108].

Trata-se, como se viu, de um fenómeno expansivo, seja do ponto de vista económico, social ou mesmo político.

A incapacidade do sistema repressivo, nomeadamente de natureza penal, no afrontamento dos comportamentos patológicos de natureza corrupta parece evidente.

Os parcos números das investigações concluídas pelas várias autoridades com competência sobre a matéria, somadas às ainda menores taxas de condenações que se verificam quando estão em causa processos criminais que envolvem a corrupção, não esconde a percepção de que

---

[108] À afirmação da natureza anti-sistémica da corrupção poderá contrapor-se uma visão «ambientalista» de sistema onde a corrupção poderá fazer parte do próprio sistema. Niklas Luhman, in *A improbabilidade da comunicação*, Veja, Lisboa, 1992, p. 99, sobre esta referência expressa ao ambiente refere que «as estruturas e processos de um sistema só são possíveis em relação a um ambiente, e só podem ser entendidas se estudadas nessa relação», sendo que «um sistema é a sua relação com o seu ambiente»

não será essa a realidade com que nos defrontamos. Mas, sobretudo, exige uma reflexão séria sobre a «causa das coisas».

O princípio da intervenção última do direito penal, como instrumento de política ordenadora da governação no domínio da intervenção sancionatória do Estado, tendo em conta as poderosas restrições de direitos que a ele se ligam, continua a manter-se válido, não se evidenciando motivos para que seja alterado. O que não significa que se permitam «espaços vazios e férteis» onde se desenvolvam condutas ilícitas contrárias aos parâmetros que se exigem numa boa governação.

Deve, por isso, exigir-se que os Estados assumam uma outra perspectiva sobre as políticas preventivas e dissuasoras de comportamentos contrários ao desenvolvimento de boas políticas de governação.

A concretização de uma política realista e eficaz de garantia da integridade do sistema político sustenta-se, para além do domínio repressivo, na construção de uma rede de mecanismos que previnam a corrupção e outros comportamentos ilícitos que «minam» o sistema de governação.

Fazendo algum paralelo com a situação de certas doenças, é com políticas de prevenção que se evitam muitos comportamentos e se atenuam os seus efeitos negativos a jusante, nomeadamente comportamentos ilícitos ou criminais.

O discurso da criminalização «tout court» de comportamentos, mesmo quando maximalista, é insuficiente para resolver um problema amplo, complexo e em determinadas matérias com contornos difusos.

Essa, aliás, a percepção que organismos internacionais de referência começam a salientar. Sustentados em tal percepção, incitam-se os dirigentes políticos a conformarem as suas políticas não apenas na pulverização de criminalização de condutas mas na adopção de outras politicas preventivas que envolvam toda a sociedade. Tanto o Conselho da Europa, como a OCDE, a União Europeia ou mesmo organizações não governamentais como a Transparência Internacional[109] trilham actualmente este caminho.

É, por isso, exigível à governação pública e privada a emergência de um outro discurso sobre a corrupção, que vá além das inóquas proclamações programáticas referentes à "luta contra a corrupção".

Identifica-se, nesse sentido, um conjunto de tópicos susceptíveis de confluírem numa rede mais ampla de prevenção da corrupção, com incidência específica no domínio das PPP.

1. Um compromisso público e privado

Uma intervenção coerente e eficaz no domínio da prevenção da corrupção deve levar em consideração a co-responsabilização entre quem detém e exerce o poder público e os destinatários das políticas, bem como as entidades que partilham a responsabilidade pelo funcionamento do sistema económico.

---

[109] O *Relatório Global da Corrupção 2009* da Transparência Internacional relativo à «Corrupção no Sector Privado, é sintomático no apelo a uma actuação comprometida dos Estados com as empresas, no domínio da corrupção.

É redutor fazer sustentar apenas no domínio das políticas públicas o activismo no desenvolvimento de acções que permitam evitar condutas corruptas.

Há, actualmente, uma exigência da participação activa da sociedade no desenvolvimento e concretização daquelas acções, nomeadamente no que respeita às parcerias público privadas por parte das empresas e entidades financeiras directamente envolvidas.

Como se referiu, o regime das PPP é hoje um mecanismo utilizável e muito «apetecível» num processo de desenvolvimento e fortalecimento da *good governance* onde os recursos públicos são cada vez mais exíguos. Através daquele instrumento político-económico, em que a disponibilidade financeira imediata emerge do sector privado, podem concretizar-se políticas de desenvolvimento que, de outra forma seriam difíceis de realizar.

A apetência para a sua pulverização como instrumento de políticas públicas é, assim, compreensível em períodos de crise financeira.

A exigência do interesse público, nomeadamente as vantagens que as PPP traduzem «relativamente a outras formas de alcançar os mesmos fins»[110] e, sobretudo, as vantagens que comportam para os privados, impõem a efectivação de um compromisso mútuo entre entidades públicas e privadas contra as condutas e actos de natureza corruptiva que podem emergir em todo o procedimento.

Torna-se exigível às entidades privadas que se constituem como parceiros no âmbito das PPP que assumam

---

[110] A expressão decorre actualmente da jurisprudência do Tribunal de Contas sobre a matéria.

compromissos inequívocos no domínio das políticas anticorrupção, nomeadamente no âmbito do controlo interno de procedimentos deontológicos dos seus colaboradores adequados a prevenir esses comportamentos. Tais controlos devem ser, por outro lado, efectuados por órgãos independentes dos órgãos executivos das empresas e sobretudo dos seus dirigentes.

Os sistemas externos de controlo devem ser reconhecidamente dotados de credibilidade, independência e transparência e, além disso, sujeitos a creditação efectuada por instituições públicas independentes.

2. Identificação de riscos

Na concretização do que poderá ser uma agenda de políticas preventivas torna-se necessário analisar com alguma precisão quais as áreas vulneráveis ao desenvolvimento de práticas corruptas.

Assim num primeiro momento há que efectuar a identificação de «zonas de risco» onde é favorável o desenvolvimento de fenómenos patológicos relacionados com a corrupção.

A estrutura e o processo complexo de desenvolvimento das PPP, tendo em conta os valores que necessariamente envolvem, o tempo da sua duração e o tipo de relacionamento profissional entre os vários intervenientes demonstram que as parcerias, como modelo de contratualização, são uma «área de risco» em relação a vários comportamentos passíveis de configurar actos de corrupção.

Existe, igualmente, no âmbito das áreas de concretização preferencial das PPP, uma diferenciação de riscos de exposição à corrupção entre os vários sectores da economia onde podem ser concretizadas. Os tipos de mercado onde a figura das parcerias têm vindo a ser implementadas são diferenciados, tanto na sua elasticidade, como no âmbito geográfico.

A saúde, as infra-estruturas rodoviárias, as infra-estruturas ferroviárias ou aeroportuárias e as infra-estruturas penitenciárias, como exemplos de áreas onde têm sido ou podem vir a ser desenvolvidas parcerias, enquadram-se em mercados diferenciados com elasticidades muito diversas. Os operadores privados que se posicionam naquelas áreas com possibilidades de se assumirem como parceiros, têm estruturas de implementação económica diferenciada, tanto a nível nacional como internacional.

Deve, por isso, identificar-se e sinalizar-se qual o risco de cada sector e, em função dessa sinalização, acompanhar e monitorizar rigorosamente todo o processo das parcerias que venha a ser desenvolvido.

3. Cultura de transparência

Na densificação de uma «cultura da prevenção» importa desenvolver um conjunto de políticas diversificadas e integradas, quer entre os vários órgãos da administração, quer na sociedade, que potenciem a assumpção das vantagens do que é um adequado modo de exercer as funções e desempenhar os papéis, assente no princípio da transparência dos procedimentos e da livre concorrência.

Tanto a administração pública como as empresas devem encarar a transparência como uma pragmática nos seus procedimentos.

No que respeita à administração, um conceito que vem sendo desenvolvido pelo Tribunal de Justiça da União, no âmbito da contratação pública e que configura a obrigação de transparência a cargo da entidade adjudicante, consistindo em «garantir, a favor de todos os potenciais concorrentes, um grau de publicidade adequado para garantir a abertura à concorrência dos contratantes de serviços, bem como o controlo da imparcialidade dos processos de adjudicação»[111], identifica um conjunto de tópicos que podem ser desenvolvidos e sedimentados.

Por outro lado e concretamente no que respeita às PPP, a prestação de contas por parte da entidade governamental envolvida deve assumir um carácter especifico, em relação às regras gerais de prestação de contas da administração, sendo exigível que, nesta parte, todo o processo de lançamento seja publicamente disponibilizado, quer aos órgãos de fiscalização, quer ao público, através de sites próprios. Disponibilização de informação que deve ser uma constante no âmbito do processo de acompanhamento da parceria.

No que respeita às empresas, é exigível um compromisso público sobre a não admissibilidade de práticas de corrupção por parte de quem está num mercado global onde a concorrência é livre. Especificamente nos grandes grupos empresariais que se envolvem como parceiros no domínio das PPP, esse compromisso assume-se como requisito essencial para tornar claro que a empresa só admite «jogar» com regras claras e transparentes.

---

[111] Cf. acórdão *Telaustria* do Tribunal de Justiça das Comunidades, Processo C-324/98.

Exige-se às empresas um absoluto respeito pelas regras da transparência e um compromisso dos seus dirigentes com essas regras. As grandes empresas devem publicamente disponibilizar o processo decisório das parcerias através de sites próprios onde, em permanência, deva ser possível acompanhar a evolução do processo das parcerias a que se vinculam.

Igualmente a divulgação pública de todo o conjunto de consultores que se envolvem no processo deve ser uma prática das empresas envolvidas no processo.

Por outro lado a concretização e disponibilização de guias de boas práticas, seja pelas empresas, seja pelas entidades associativas a que pertencem ou mesmo através das entidades reguladoras, bem como a fiscalização da sua aplicabilidade, é um dos modos eficazes de evidenciar essa transparência decisória.

4. A corrupção como obstáculo

Tanto o Estado, como responsável pela tutela e garantia do interesse público, como as empresas (e os grupos empresariais que as suportam) ao serem parceiros privilegiados no domínio das PPP, devem assegurar não só o cumprimento rigoroso de todos os mecanismos legais que envolvam a contratualização. Igualmente devem, envolver-se, publicamente, em programas que impeçam ou inibam os seus colaboradores e os seus concorrentes a utilizarem nas suas práticas mecanismos pouco transparentes ou mesmo corruptos.

A sociedade e especificamente os seus actores económicos e financeiros, têm que encarar a questão da corrupção como um obstáculo ou um factor que cria graves problemas ao funcionamento equilibrado do sistema económico e que, por isso deve ser, também, uma prioridade das políticas empresariais e dos seus financiadores.

A corrupção deve ser assumida como um factor inibidor das políticas públicas de apoio às empresas ou associações empresariais com reflexos directos na sua posição de mercado interno e, sobretudo, externo.

Neste sentido a divulgação de práticas comerciais utilizadas por empresas ou Estados corruptos, a identificação de mecanismos pouco claros utilizados nas negociações de contratos que envolvam quantias avultadas, a explicitação de comportamentos passíveis de integrar elementos consubstanciadores dos tipos criminais de corrupção ou tipos conexos e a divulgação de modos e procedimentos a adoptar em caso de sinalização de comportamentos suspeitos, são exemplos de acções proactivas a desenvolver pelas empresas e seus representantes legais.

Por outro lado a identificação de empresas e Estados envolvidos em actos de corrupção e a sua inclusão em «black lists», publicamente conhecidas e acessíveis, permitindo assinalar os riscos comerciais decorrentes da realização de negócios com essas entidades ou Estados será, de igual forma, uma maneira de evitar ou precaver a ocorrência de actos de corrupção. Nomeadamente, quando essas empresas pretendem assumir compromissos de partenariado com as instituições públicas.

As práticas e comportamentos de natureza corruptiva têm que ser sempre assumidas como obstáculos ao livre desenvolvimento económico que condiciona e perturba o funcionamento dos mercados. É este o princípio que tem que ser assumido.

5. Abolição de cumplicidades

Numa outra vertente é prioritária a assumpção de critérios legais de rigor, de transparência e de ética em todos os procedimentos dos sujeitos da administração pública e das entidades privadas envolvidas no projecto das parcerias, como forma de prevenir eventuais comportamentos ilícitos.

Desde logo deve exigir-se uma política de intransigência na inadmissibilidade de cumplicidades entre os actores do sector público e do sector privado. Neste sentido merece especial destaque o estabelecimento de regimes de impedimentos de exercício de funções cumulativas dos vários intervenientes no processo de «montagem» e desenvolvimento das parcerias, mesmo a título de assessorias técnicas, não permitindo qualquer tipo de suspeição sobre a objectividade e a legalidade das decisões tomadas, em qualquer das fases e momentos do processo.

A obrigatoriedade de fundamentação da justificação para a contratação de consultores e a existência de uma carta de impedimentos para quem desempenhar essas funções, agora estabelecidos no Decreto lei n.º 86/2003, de 26 de Abril, por via da alteração legislativa decorrente do Decreto lei n.º 141/2006, de 27 de Julho, é um de vários mecanismos que devem densificar a exigência de transparência.

Por outro lado, todo o agente público interveniente no processo de concessão da parceria deverá ficar inibido, durante um período suficientemente extenso de pertencer ou participar em órgãos da entidade privada em causa na parceria ou mesmo ter com ele qualquer tipo de relacionamento profissional, mesmo a título de consultoria.

Ainda neste âmbito importa atentar no regime das compatibilidades e incompatibilidades dos membros das comissões de acompanhamento do projecto com os membros da comissão de análise das propostas onde será útil concretizar um efectivo regime de impedimentos de quem exerce funções nas referidas comissões.[112]

É fundamental assumir a imparcialidade como princípio com um conteúdo inequívoco em toda a actividade que envolva directa ou indirectamente a administração, nomeadamente em relação aos sujeitos intervenientes envolvidos no complexo processo de decisão sobre as parcerias público privadas.

O que está em causa, com a assumpção do princípio da imparcialidade é a estabilização da confiança dos cidadãos nas instituições decisoras sendo, por isso, um dos princípios processuais do Estado de Direito que importa salvaguardar.

A imparcialidade evita as distorções decorrentes do preconceito e da busca do interesse próprio. O conhecimento

---

[112] Sobre esta questão Alexandra Pessanha e Fernando Xarepe, obra citada página 45, entendem não se justificar qualquer regime de impedimentos entre o desempenho de funções pelas mesmas pessoas nas duas comissões, tendo em conta os momentos distintos em que actuam, no procedimento e as funções que lhe aí lhe estão atribuídas.

e a capacidade de identificação garantem que as aspirações dos outros serão rigorosamente apreciadas[113].

Trata-se, ainda, de uma exigência de transparência total na tomada de decisão que permita a conclusão inequívoca de que a isenção e o interesse público são os critérios que presidem a essa decisão.

Tudo isto deve ser desenvolvido tanto pelos responsáveis de todas as instituições e departamentos da administração envolvidos nas parcerias, como pelas administrações e órgãos de fiscalização das empresas.

6. Controlo e fiscalização

Numa outra perspectiva há que salientar o papel dos sistemas de controlo através das instituições políticas, administrativas, financeiras e jurisdicionais adequadas[114].

Neste sentido e tendo em conta o montante dos dinheiros públicos envolvidos e a variedade e multiplicidade dos outorgantes públicos e privados, é claro que o processo de preparação, concurso e adjudicação das PPP deve ser

---

[113] Cf., desenvolvidamente, John Rawls, *Uma Teoria da Justiça*, Editorial Presença, Lisboa, 1993, p. 155.

[114] Veja-se o caso do visto prévio do Tribunal de Contas nas parcerias público privadas. Neste sentido cf. Alexandra Pessanha, Fernando Silveiro, ob. cit., pág. 37 referindo expressamente quais os contratos que no âmbito das parcerias público privadas devem ser sujeitos a visto prévio. Sobre o papel dos Tribunais de Contas na prevenção e detecção de casos de corrupção, em geral, cf. Carlos Alberto Morais Antunes, «Os órgãos de controlo externo e o combate à corrupção», *Revista do Tribunal de Contas*, n.º 39, Janeiro-Junho de 2003, p. 25.

sujeito à fiscalização concomitante e sucessiva das entidades de controlo financeiro, nomeadamente no caso português, através do Tribunal de Contas[115].

Importa, igualmente, incentivar e sobretudo reforçar a actuação permanente dos órgãos de fiscalização interna da administração que deverão ter autonomia e poderes independentes em relação à própria administração que decide e executa a parceria.

Uma entidade fiscalizadora não pode estar totalmente dependente da entidade que é suposto fiscalizar.

Numa outra vertente será importante criar mecanismos de interligação entre todas as entidades que se entrecruzam no processo das PPP de modo a que, tanto o sistema de acompanhamento do processo de lançamento das parcerias, como o processo de adjudicação e o seu desenvolvimento posterior, permitam um acompanhamento e uma monitorização eficaz pelas várias entidades envolvidas.

A monitorização deve, desde logo, comportar uma matriz financeira sob a tutela das entidades de controlo financeiro. Mas, também, deve assumir uma outra vertente, efectuada pelas autoridades com competência na área da prevenção e investigação criminal na área da corrupção. A pró actividade preventiva no domínio da detecção de

---

[115] Assim António Manuel Calejo Pinto, in «Análise da Repercussão do Regime Jurídico do sector empresarial do Estado e do novo regime das parcerias público privadas no âmbito da intervenção do Tribunal de Contas, face ao disposto nas Leis 14/96 de 20 de Abril e 98/97 de 26 de Agosto», *Revista do Tribunal de Contas*, n.º 40, Julho Dezembro de 2003, p. 112.

patologias criminais é um modo de acção instrumental absolutamente relevante na dissuasão de comportamentos corruptivos.

7. Partilha da Informação

A constatação de uma rede de instituições a agentes públicos e privados, dotados de poderes autónomos de fiscalização, controlo e investigação no desenvolvimento de uma política coerente de controlo da corrupção, exige a disponibilidade para uma troca de informações articulada e coordenada entre quem está no sistema.

No âmbito da prevenção criminal a pró actividade policial e judicial, nomeadamente por via do Ministério Público, implicando uma articulação com as instituições públicas que intervêm no processo, permite a quem, estatutária e profissionalmente está mais próximo dos fenómenos eventualmente corruptos possa, em devido tempo, não só evitar esses comportamentos como, se for essa a situação, dar início a uma investigação criminal necessária e atempada.

Recorde-se que no domínio da corrupção, a investigação criminal em tempo real, ou seja, efectuada quando os factos estão a ocorrer é um dos princípios fundamentais para concretizar uma eficaz investigação[116].

A articulação entre instituições e o cruzamento e partilha de informações decorrentes de um relacionamento

---

[116] Cf. José Mouraz Lopes, *Justiça, Um olhar (des) comprometido*, Almedina, Coimbra, 2005, p. 177.

aberto e permanente permitirá, assim, concretizar uma verdadeira política de prevenção da corrupção neste domínio.

8. Responsabilização e sanção

A um controlo permanente deve seguir-se uma responsabilização consequente[117].

Uma responsabilização de natureza administrativa e financeira séria, rápida e suficientemente dissuasora, será um «travão» essencial à prática de comportamentos criminais subsequentes, certamente mais difíceis de investigar e provar.

No que respeita à apreciação jurisdicional das questões litigiosas envolvendo as parcerias deverá atentar-se na necessidade de repensar os poderes e sobretudo o estatuto dos tribunais arbitrais, onde em regra, parte dos problemas que decorrem do processo longo e complexo de execução da parceria é resolvido.

O legislador português, com a reforma do Decreto-lei n.º 86/2003, de 26 de Abril levada a cabo pelo Decreto-lei n.º 141/2006, de 27 de Julho pareceu sensível às questões que envolvem os tribunais arbitrais para a resolução

---

[117] Sobre o papel que o Tribunal de Contas pode ter nesta matéria, nomeadamente a nível do apuramento das responsabilidades financeiras decorrentes de processos de infracção ou de recuperação de montantes indevidamente dispendidos, cf. Helena Maria Mateus Vasconcelos Abreu Lopes, in «O papel do Tribunal de Contas Português na prevenção da Corrupção», *Revista do Tribunal de Contas*, n.º 40, p. 123.

de litígios e, por isso, impôs uma «comunicação imediata aos Ministros das Finanças e da tutela sectorial», logo que seja requerida a constituição de um tribunal arbitral, devendo ser fornecidos todos os elementos que se revelem úteis ao acompanhamento do processo. Este é apenas um dos elementos de densificação do controlo.

Será, no entanto, de repensar o próprio procedimento que leva à escolha dos juízes árbitros de modo a que seja assegurada a total independência no exercício das suas funções e, sobretudo, a questão de nestes casos ter sempre que ser admissível recurso da decisão final do tribunal arbitral para uma instância judicial. O interesse público subjacente ao processo das parcerias assim o exige.

9. Separação entre o político e o económico

No que respeita à permeabilidade entre os protagonistas das entidades privadas envolvidos no processo das parcerias publico privadas com os protagonistas do sistema político e a sua repercussão nas questões do financiamento do sistema político, através do financiamento dos partidos políticos ou das campanhas eleitorais por privados, importa criar mecanismos legais que impeçam o relacionamento das empresas, sociedades e pessoas colectivas com o financiamento da actividade partidária.

Nos casos em que essa proibição não existe deverá possibilitar-se o controlo de uma forma efectiva de todo o sistema de financiamento tanto dos partidos políticos, como das campanhas eleitorais. Por um lado, através de restrições quantitativas dos valores doados ou entregues a qualquer título, nomeadamente pela prestação de serviços. Por outro lado, uma total identificação desses valores, nomeadamente através da identificação de quem entrega e do momento em que são entregues. Essa identificação deve ser publicamente disponibilizada pelas entidades com competência para fiscalização das contas dos partidos políticos, de modo a ser permitido um controlo amplo e inequívoco de todo o processo de financiamento.

Só uma efectiva transparência, que passa pela disponibilização pública de todo o tipo de financiamentos, pode impossibilitar a criação ou manutenção de suspeições de favorecimentos ou influências entre grupos empresariais e decisores políticos.

Será de ponderar, também, nesta matéria se não deve interditar-se completamente o financiamento de partidos políticos e campanhas eleitorais a todas as entidades que se envolvam como parceiros ou como consultores em PPP.

Estes princípios exigem, finalmente, na entidade fiscalizadora dotada de meios e capacidades de fiscalização e sanção poderosas, de forma a tornar efectivos os princípios e normas estabelecidas.

REFERÊNCIAS BIBLIOGRÁFICAS

ALFARO, Luís H. Contreras, *Corrupcion y Principio de Oportunidad Penal*, Grupo de Estúdios Contra la Corrupcion, Ratio Legis, Salamanca, 2005.

AMSTRONG, Kenneth A., e BULMER, Simon J. *The Governance of the Single European Market*, Manchester University Press, 1998.

ANTUNES, Carlos Alberto Morais, «Os órgãos de controlo externo e o combate à corrupção», *Revista do Tribunal de Contas*, n.º 39, Janeiro-Junho, 2003.

ARAGÃO, Alexandra Aragão, «European Governance in the Treaty of Lisbon and the European Paradox», *Temas de Integração*, n.º 25, 1.º semestre, 2008.

AZEVEDO, Maria Eduarda, *Parcerias Publico Privadas: Instrumento de uma nova governação pública*, Almedina, Coimbra, 2009.

BURGOA, Elena Burgoa, «Hacia una nueva regulación de la prescriptión en los delitos contra la administration pública: un debate de actualidad», *Themis*, ano VIII, n.º 14, 2007.

BURR, Tim, «Os desafios que se colocam a uma Instituição Superior de Controlo Financeiro num Contexto de Mudança», *O Estado no Século XXI, Redefinição das suas Funções?*, INA, 2005.

CAEIRO, Pedro, *Fundamento, Conteúdo e Limites da Jurisdição Penal do Estado. O Caso português*, Wolters Kluwer Portugal/Coimbra Editora, Coimbra, 2010.

CAPELLER, SIMOULIN, Wanda e Vincent, «La gouvernance: du programme de recherche à la transdisciplinarité», *Droit et Societé*, n.º 54, 2003.

CARTIER-BRESSON, Jean, La Banque Mondiale, «La Corruption et La Gouvernance», *Revue Tiers Monde*, n.º 161, janvier-mars, 2000.

CANOTILHO, J.J. Gomes, *"Brancosos" e Interconstitucionalidade. Itinerários dos Discursos sobre Historicidade Constitucional*, Almedina, Coimbra, 2006.

CANOTILHO, MOREIRA, J.J. Gomes, Vital, *Constituição da República Portuguesa, Anotada*, Volume I, 4.ª edição, Wolters Kluwer Portugal/Coimbra Editora, Coimbra, 2007.

– *Constituição da República Portuguesa, Anotada*, Volume II, 4.ª edição, Wolters Kluwer Portugal/Coimbra Editora, Coimbra, 2010.

COMISSÃO DAS COMUNIDADES EUROPEIAS (CCE) (2001), *Governança Europeia. Um Livro Branco*, Bruxelas 2001.

COMISSÃO DAS COMUNIDADES EUROPEIAS (CCE) (2003), – *Governança e Desenvolvimento, Comunicação da Comissão ao Conselho, ao Parlamento Europeu e ao Comité Económico e Social Europeu*, Bruxelas, 2003.

COMISSÃO DAS COMUNIDADES EUROPEIAS (CCE) (2003), – *Sobre uma Política Global da EU contra a Corrupção. Comunicação da Comissão ao Conselho, ao Parlamento Europeu e ao Comité Económico e Social Europeu*, Bruxelas, 2003.

COMISSÃO DAS COMUNIDADES EUROPEIAS (CCE) (2004), – *Livro Verde sobre as parcerias público-privadas e o direito comunitário em matéria de contratos públicos e concessões*, Bruxelas, 2004.

COMISSÃO DAS COMUNIDADES EUROPEIAS (CCE) (2005), *Comunicação da Comissão ao Parlamento Europeu, ao Conselho, ao Comité Económico e Social e ao Comité da Regiões sobre as parcerias público privadas e o direito comunitário sobre contratos públicos e as concessões* (COM) (2005) 569 final, Bruxelas, 2005.

COMITÈ ECONÓMICO E SOCIAL EUROPEU, *Parecer sobre «O papel do BEI nas parcerias público-privadas e as consequências para o crescimento»*, 2005/C234/12, Jornal Oficial da União Europeia, 22.9.2005.

COSTA, A. Almeida Costa, «Sobre o Crime de Corrupção», *Boletim da Faculdade de Direito da Universidade de Coimbra*, 1984.

COSTA, José Francisco de Faria, *O Perigo em Direito Penal*, Coimbra Editora, Coimbra, 1992.

DIAS, Maria do Carmo Silva, «Breves Notas sobre os novos crimes previstos nos artigos 278.º A e 382.º A do Código Penal», *Boletim Informação e Debate*, ASJP, VI Série, n.º 5, Janeiro, 2011.

FARIA, Rita, «Corrupção: descrições e reflexões», *Revista Portuguesa de Ciência Criminal*, Ano 17.º n.º 1 Janeiro-Março, 2007.

GIAUQUE, David, «Les difficultés de gestion des partenariats public-privé en Europe», *Revue Française d'Administration Publique*, n.º 130, 2009.

GISBERT, Rafael Bustos, Corrupción de los Gobernantes, responsabilidad política y control parlamentario, *Teoria y Realidad Cosntitucional*, n.º 19, 1 semestre, 2007.

GODINHO, Jorge A.F., «Do crime de riqueza injustificada (artigo 28.º da Lei n.º 11/2003 de 28 de Julho), *Boletim da Faculdade de Direito da Universidade de Macau*, Ano 11, n.º 24, 2007.

GONÇALVES, Pedro, *Entidades Privadas com Poderes Públicos*, Almedina, Coimbra, 2005.

IBAÑEZ, Perfecto Andrès (editor), *Corrupcion y Estado de Derecho. El Papel de La Jurisdiccion*, Editorial Trotta, Madrid, 1996.

INGRAHAM, LYNN, Patricia W., & Laurence E, Jr, Editors, *The Art of Governance*, Georgetown University Press, Washington, D,C., 2004.

INTOSAI, *Directives sur les Meilleures Pratiques pour l'Audit du risque dans des Partenariats Publics/Privés (PPP)*, Budapeste, 2004.

JOHNSTON, Michael, «Corruption et Démocracie», *Revue Tiers Monde*, n.º 161, janvier-mars, 2000.

LOPES, Helena Maria Mateus Vasconcelos Abreu, «O papel do Tribunal de Contas Português na prevenção da Corrupção», *Revista do Tribunal de Contas* n.º 40, Julho/Dezembro, 2003.

LOPES, José Mouraz, *Justiça, Um olhar (des) comprometido*, Almedina, Coimbra, 2005.

LUHMANN, Niklas, *A improbabilidade da comunicação*, Veja, Lisboa, 1992.

MARISCAL, Nicolás, La gobernanza de la Unión, *Cuadernos Europeus de Deusto*, Número 27, 2002.

MAYNTZ, Renate in «La teoria della governance, Sfide e Prospective», *Rivista Italiana Di Scienza Política*, anno, XXIX, n.º 1, aprile, 1999.

MORATA, Francesc, «Governanza multinivel en la Unión Europea», *VII Congresso Internacional del CLAD sobre la Reforma del Estado y de la Administración Pública*, Lisboa, 8-11-Oct. 2002.

MORENO, Carlos, «O Controlo Externo do Tribunal de Contas relativo às parcerias público privadas», *Estudos em Homenagem ao professor Doutor Paulo Pitta e Cunha*, Volume II, Almedina, 2010.

KAUFMANN, Daniel «Diez mitos sobre la gobernabilidad y la corrupcion», *Finanzas e Desarrollo*, Setembro de 2005.

KOS, Dragos, «Seguimiento de dos esfuerzos contra a corrupción en Europa», *Revista Penal*, n.º 16, 2005.

KUHN, Thomas S., *A estrutura das revoluções científicas*, Editora Perspectiva, São Paulo, 1991.

OCDE, Direction Des Affaires Financiéres, Fiscales et des Entreprises, «L'approche des entreprises dans la lutte contre les pratiques entachées de corruption», 2003.

PÉREZ, Laura Pozuelo Pérez, (coord.) *Derecho penal de la construcción*, Comares, Granada, 2006.

PESSANHA, SILVEIRO, Alexandra, Fernando Xarepe, «Estudo do Decreto Lei n.º 86/2003, de 26 de Abril. Regime Procedimental das Parcerias Público Privadas», *Revista do Tribunal de Contas* n.º 40, Julho/Dezembro, 2003.

PETERS, B. Guy, PIERRE, Jon, «Developments in intergovernmental relations: towards multi-level governance», *Policy & Politics*, V. 29 n.º 2, 2001.

PINTO, António Manuel Calejo Pinto, «Análise da Repercussão do Regime Jurídico do sector empresarial do Estado e do novo regime das parcerias público privadas no âmbito da intervenção do Tribunal de Contas, face ao disposto nas Leis 14/96 de 20 de Abril e 98/97 de 26 de Agosto», *Revista do Tribunal de Contas*, n.º 40, Julho Dezembro, 2003.

POESCHL, RIBEIRO, Gabrielle, Raquel, «Ancoragens e variações nas representações sociais da corrupção», *Análise Social*, volume XLV, 2010.

POMBEIRO, António A. Figueiredo B., *As PPP/PFI Parcerias Público Privadas e a sua Auditoria*, Áreas Editora, Novembro, 2003.

PORTA, MÉNY, Donatella della Porta, Yves, *Démocratie et Corruption en Europe*, Éditions La Découverte, Paris, 1995.

RAWLS, John, *Uma Teoria da Justiça*, Editorial Presença, Lisboa, 1993.

RIO, ARNAIZ, Miguel Ángel Iglesias, Teresa Medina, «Heramientas preventivas en la lucha contra la corrupción en el âmbito de la Unión Europea», *Revista Penal*, n.º 14, 2004.

SANTOS, Cláudia Santos, «A corrupção. Da luta contra o crime na intersecção de alguns (distintos) entendimentos da doutrina, da jurisprudência e do legislador» in *Liber Disciplinorum para Jorge de Figueiredo Dias*, Coimbra Editora, 2003.

– «Notas breves sobre os crimes de corrupção de agentes públicos», *JULGAR*, n.º 11, Maio-Agosto, 2010.

SANTOS, Manuel Simas, «Nótulas sobre o novo regime de responsabilidade penal por crimes de corrupção cometidos no comércio internacional e actividade privada», *Revista do Ministério Público*, Ano 29. Abril-Junho, 2008.

SANTOS, BIDINO, MELO, Cláudia Cruz, Cláudio, Débora Thaís, *A Corrupção, Reflexões (a partir da Lei, da Doutrina e da Jusrisprudência) sobre o seu Regime Jurídico-Criminal em Expansão no Brasil e em Portugal*, Coimbra Editora, Coimbra, 2009.

SECRETARIAT D'ÉTAT À L'ÉCONOMIE (SECO), editeur, *Prevenir la Corruption – Conseils aux entreprises suisses actives à l'étranger*, Berne, s/d.

SHORE, Cris, «"Government Without Statehood?" Anthropological Perspectives on Governance and Sovereignty in the European Union», *European Law Journal*, Volume 12 , November, 2006.

SIMÕES, Jorge Abreu, «Parcerias público-privadas no sector da saúde» in *A reinvenção da função pública*, INA, 2002.

SIMOULIN Vincent, «La gouvernance et l'action publique: le succés d'une forme simmélienne», *Droit et Société* n.º 54, 2003.

SILVA, Pedro, *Fundamentos e Modelos nas Parcerias Publico Privadas na Saúde. O Estudo dos Serviços Clínicos*, Almedina, Coimbra, 2009.

SOUSA, TRIÃES, Luis de, João, «Corrupção e ética em Democracia: o caso de Portugal» *OberconBrief*, Setembro, 2007.

– *Corrupção e os Portugueses. Atitudes, práticas e valores*, RCP Editores, Lisboa, 2008.

SPECK, Bruno Wilhem (org.), *Caminhos da Transparência, Análise dos Componentes de um Sistema Nacional de Integridade*, Editora da Unicamp, São Paulo, 2002.

TRIÃES, João, «Aspectos sociológicos da corrupção em Portugal: actores, mecanismos e recursos do crime de corrupção entre 1999 e 2001», Lisboa, ISCTE, 2004

TRIBUNAL DE CONTAS, *Auditoria aos Encargos do Estado com Parcerias Público Privadas*, Relatório n.º 33/05 – 2.ª Secção.

TRIBUNAL DE CONTAS, *Auditoria aos Encargos do Estado com as Parcerias Público Privadas – Concessões Rodoviárias e Ferroviárias –*, Relatório n.º 4/2007, 2.ª secção, Lisboa, Janeiro, 2007.

TRICOT, Juliette, «La corruption internationale», *Revue de science criminelle et de droit pénal comparé*, Octobre/Décembre, n.º 4, 2005.

VAN BIZEN, Ingrid *Financement des partis politiques et des campagnes électorales – lignes directrices*, éditions du Conseil de l'Europe, Strasbourg, 2003.